구석구석
세계의
에티켓
여행

사진 제공 Wikimedia Commons, Pixabay, 크라우드픽, Unsplash

초판 1쇄 발행 2020년 11월 5일
초판 3쇄 발행 2022년 3월 29일

글 박동석 **그림** 송진욱
펴낸곳 도서출판 봄별 **펴낸이** 권은수 **편집** 박찬석·서현미 **디자인** 나비 **마케팅** 성진숙
등록번호 제25100-2015-000031호 **등록일** 2015년 4월 23일
주소 서울특별시 서대문구 서소문로 37 1406호 (합동, 충정로대우디오빌)
전화 02-6375-1849 **팩스** 02-6499-1849
전자우편 springsunshine@naver.com **블로그** http://blog.naver.com/springsunshine
스마트스토어 https://smartstore.naver.com/shinybook **인스타그램** @springsunshine0423
ISBN 979-11-90704-11-3 73300

ⓒ 박동석, 2012

• 책값은 뒤표지에 있습니다.
• 봄별은 올마이키즈와 함께 어린이를 후원합니다.

구석구석 세계의 에티켓 여행

박동석 지음 **송진욱** 그림

봄볕

글쓴이의 말
지구촌 사람들과 친구하기

　서양 속담 중에 이런 말이 있어요. '로마에 가면 로마의 법을 따라야 한다.' 이 말은 다른 나라에 가면 그 나라의 법에 맞게 행동해야 한다는 뜻이에요. 물론 법만 지키면 된다는 뜻은 아니겠지요.

　세계 각 나라에는 옛날부터 이어져 내려온 독특한 문화가 있어요. 우리나라와 비교하면 조금은 다른 생각, 행동, 생활 모습일 거예요. 이처럼 낯설고 어색한 다른 나라의 문화를 우리는 어떻게 받아들여야 할까요? 그 나라의 문화를 존중하는 의미에서 무조건 따라야 할까요? 아니면 무시하고 우리나라 방식대로 행동해야 할까요? 당연히 존중해 주는 게 옳겠지요. 하지만 처음에는 어색하고 이상해서 똑같이 행동하기는 쉽지 않을 수도 있어요.

　'지구촌 시대'라는 말을 들어 봤나요? 지구의 모든 나라가 한마을처럼 가깝게 지내는 시대가 되었다는 뜻이에요. 세계의 모든 나라가 서로 존중하며 가깝게 지내기 위해서는 다른 나라의 예절을 잘 알고 행동해야 해요. 예절을 모르고 함부로 행동하면 상대를 무시하는 것이라고 오해할 수도 있고, 잘못하면 싸움이 일어날 수도 있으니까요.

앞으로 여러분은 많은 나라를 방문할 거예요. 어떤 나라에서는 공부를 할 수도 있고, 어떤 나라에서는 일을 할 수도 있어요. 미리 그 나라의 예절을 잘 알아 두면 많은 사람과 좋은 관계를 맺고, 즐겁게 생활할 수 있답니다.

예절을 다른 말로 '에티켓'이라고 하는데, 프랑스어에서 유래된 말이에요. 프랑스에 가면 베르사유궁전이 있어요. 예전에는 베르사유궁전을 보호하기 위해 정원의 꽃밭 주변에 말뚝을 박아 출입을 막았다고 해요. 이때 말뚝에 적혀 있던 말이 프랑스어로 '에티켓'이었는데, '꽃밭 출입 금지'라는 뜻이었어요. 그 뒤 에티켓은 상대방의 '마음의 꽃밭'을 해치지 않는다는 뜻으로 넓게 쓰이다가 '예절'이라는 의미를 갖게 되었어요.

에티켓을 잘 지키면 보다 좋은 인간관계를 맺을 뿐 아니라 자신의 행동도 더 부드럽고 단정하게 할 수 있어요. 한마디로 에티켓은 '인간관계의 교통 표지판'이라고 할 수 있어요. 요즘같이 세계가 한마을처럼 이어진 지구촌 시대에서는 더더욱 중요한 교통 표지판이라고 할 수 있지요.

이 책에는 지구촌 31개 나라의 다양한 에티켓이 모두 모여 있어요. 여러분이 더 넓은 세계로 나아가 마음껏 꿈을 펼치는 데에 이 책이 많은 도움이 되었으면 좋겠어요.

그럼, 지금부터 에티켓 여행을 떠나 볼까요?

박동석

• 이 책은 2012년에 출간된 《글로벌 에티켓》(전2권)을 수정, 편집하여 새롭게 한 권으로 엮은 것입니다.

차례

글쓴이의 말 4

제1장 아시아로 출발!
인구가 가장 많은 나라, **중국** 10
가깝고도 먼 나라, **일본** 21
역사상 가장 큰 제국을 건설했던 나라, **몽골** 31
가난하지만 풍요로운 나라, **인도** 41
불교의 나라, **태국** 50
자존심이 강한 나라, **베트남** 60
고난의 역사를 가진 나라, **캄보디아** 68
법률과 규범의 나라, **싱가포르** 75
가장 많은 섬으로 이루어진 나라, **인도네시아** 83
아시아 유일의 가톨릭 나라, **필리핀** 93
유대인의 나라, **이스라엘** 101
페르시아제국의 나라, **이란** 110
이슬람교와 석유의 나라, **사우디아라비아** 118

제2장 유럽으로 출발!

신사의 나라, **영국**　128

예술과 문화의 나라, **프랑스**　138

통일의 나라, **독일**　148

알프스의 나라, **스위스**　157

투우와 플라멩코의 나라, **스페인**　165

로마의 역사가 숨 쉬는 나라, **이탈리아**　175

서양 문명이 시작된 나라, **그리스**　183

동양과 서양이 만나는 나라, **터키**　192

세계에서 가장 넓은 나라, **러시아**　200

제3장 아메리카로 출발!

단풍이 아름다운 나라, **캐나다**　210

세계 최강의 나라, **미국**　219

고대 문명이 시작된 나라, **멕시코**　226

축구의 나라, **브라질**　233

탱고의 나라, **아르헨티나**　241

제4장 아프리카로 출발!

피라미드와 스핑크스의 나라, **이집트**　250

보석의 나라, **남아프리카공화국**　256

제5장 오세아니아로 출발!

캥거루의 나라, **오스트레일리아**　264

가장 아름다운 자연을 가진 나라, **뉴질랜드**　272

몽골

중국

이스라엘

사우디아라비아 이란

인도

태국

싱가포르

캄보디아

인도네시아

제1장

아시아로 출발!

인구가 가장 많은 나라, 중국

공식 명칭 중화인민공화국
수도 베이징(북경)
국토 9,596,961㎢(대한민국 : 100,363㎢)
인구 1,439,300,000명
언어 중국어
종교 불교, 도교, 기독교

만리장성

중국으로 출발

중국은 일본과 함께 우리나라와 가장 가깝고, 세계적으로 유명한 사상가 공자가 태어난 나라예요. 공자가 가장 강조한 사상 가운데 하나가 바로 '예절'이었어요. 공자는 '예가 아니면 듣지도, 보지도, 말하지도, 행하지도 말라.'고 하면서 예절을 중요하게 생각했어요.

중국의 인구는 당당히 세계 1위를 자랑하고 있는데, 지나치게 늘어나는 인구 때문에 오래전부터 '한 자녀 갖기 정책'을 펼쳤어요. 만약 아이를 두 명 이상 낳으면 벌금을 내야 했어요. 형편이 좋으면 벌금을 내고 아이를 더 낳겠지만 벌금을 내기 어려운 사람은 일부러 출생신고를 하지 않는 경우도 많았어요. 이렇게 출생신고를 하지 않은 아이들까지 합하면 중국 인구는 도대체 얼마나 많을까요?

(중국은 2016년 1월 1일부터

'한 자녀 갖기 정책'을 폐지하고 '두 자녀 갖기 정책'을 시행하고 있음.)

중국인들은 자존심이 무척 강한 민족이에요. '중화 의식'이란 말을 들어 본 적 있나요? 이 말에는 '중국이 최고이고, 중국 문화가 가장 훌륭하다.'는 뜻이 담겨 있는데, 중국이 세계의 중심이고 세계를 지배한다는 생각에서 나온 말이에요. 그래서 한때 중국인들은 중국 외 나라를 모두 오랑캐라고 불렀어요. 우리나라도 중국의 오른쪽에 있다고 하여, 동이(동쪽의 오랑캐)라고 불렀어요.

중국의 북쪽 지역에 사는 사람들은 성격이 화통하고 다소 거칠며, 무예에 뛰어나요. 그래서 중국의 왕들은 대부분 북쪽 출신이에

요. 북쪽 지역 사람들의 이런 성격은 날씨와 연관이 있어요. 북쪽은 기후가 춥고 바람이 많이 불기 때문에 이런 날씨에 적응하며 살다 보니 성격도 그렇게 바뀐 거예요. 반면에 남쪽 지역은 따뜻하고 비가 많이 오기 때문에 사람들의 성격도 섬세하고 부드러워요.

또 중국인들은 서양의 우수한 문화를 인정하면서도 결코 중국의 문화보다 우수하다고 생각하지 않아요. 단지 '그것은 중국식이 아니다.'고 말하면서 자기들 문화가 훨씬 우수하다고 자랑해요. 지나치게 남을 밀어내고 자기중심적으로만 생각하면 문제가 있지만 중국인들의 이런 정신은 우리도 배울 필요가 있어요. 우리나라 사람들은 서양의 것이라면 지나치게 좋아하는 경우가 있거든요.

중국은 오랜 역사만큼이나 문화재도 풍부해요. 유네스코 세계 유산에 등재된 것만 50여 가지나 된답니다. 그럼, 중국에는 어떤 에티켓이 있는지 알아볼까요?

큰절은 뭘, 그냥 악수나 해

중국인들은 대단한 예의를 갖춰 인사할 것 같지만 의외로 악수가 가장 일반적인 인사법이에요. 공식적인 자리에서는 고개를 숙여 인사하는 경우도 있고, 특별히 감사를 드려야 할 사람에게는 두 손으로 상대방의 손을 잡으며 인사해요.

　우리나라에서는 웃어른에게 큰절을 하는 것이 예의지요. 할아버지 댁이나 친척 집에 가서 고개만 숙여 인사했다가 어른들한테 혼난 적이 있을 거예요. 반대로 어른들에게 큰절로 인사를 하면 기특하게 여기지요.

　중국의 인사법이 이렇게 간단한 것은 그들의 주거 문화와 관련이 깊어요. 우리나라의 주거 문화는 온돌방이나 마루방 중심이지

만 중국의 주거 문화는 침상과 의자 중심이에요. 큰절 인사는 온돌이나 마루에서는 알맞지만 침대나 의자에서는 알맞지 않아요. 이것이 바로 중국인들이 간단하게 인사할 수밖에 없는 이유예요.

중국인들이 큰절을 하지 않고 악수를 청한다고 해서 우리보다 예의가 없다고 생각하면 안 돼요. 단지 우리와 문화가 다를 뿐이에요.

시간에 늦다니, 나에 대한 모욕이야

중국에서는 모임이 있을 때나 약속할 때 시간을 꼭 지키는 것이 중요해요. 약속 시간에 늦거나, 약속을 일방적으로 취소하면 상대방을 모욕한다고 생각하기 때문이에요. 중국인들은 약속 시간보다 오히려 조금 일찍 도착하는 것을 예의라고 생각해요.

우리나라에는 예전에 '코리안 타임Korean time'이라는 것이 있었어요. 영어 좀 하는 친구들은 그대로 해석하여 '한국 시간'이라고 하겠지만, 이것은 약속 시간에 30분 정도 늦게 도착하는 행동이나 버릇을 비꼬는 말이에요.

코리안 타임은 한국전쟁 때 우리나라에 왔던 미군이 처음으로 쓴 말이에요. 한국 사람과 약속하면 항상 약속 시간보다 늦게 나오는 것을 보고, 조금 좋지 않은 뜻으로 쓴 말이지요. 예전에는 코리안 타임이 친구들 사이에서 유행하기도 했어요. 약속 시간에 늦게 도착해 놓고서 "넌 코리안 타임도 모르니?" 하고 변명을 하는 거지요.

아무튼 코리안 타임은 한국 사람들을 부정적으로 표현한 말이에요. 하지만 알고 보면 코리안 타임은 오해에서 비롯된 말이지요. 일제강점기가 끝난 뒤 미군이 우리나라와 일본을 잠시 관리하는 시기가 있었어요. 그때 미군은 일본의 도쿄를 기준으로 시간을 정했고, 우리나라 사람들은 우리나라를 기준으로 하는 시간을 그대로 사용했어요. 당시 우리나라의 표준 시간은 일본 도쿄보다 30분 늦었어요. 이런 까닭에 미군과의 약속 장소에 10분 일찍 나가더라도 결국 20분 늦게 도착한 게 된 거지요. 한국 사람은 시간관념이 철저한 민족임에도 그런 시간 차이 때문에 시간관념이 부족하다는 인상을 주게 된 거예요.

세계에는 다양한 생각과 문화를 가진 나라가 많으니까 반드시 시간을 잘 지키는 것이 예의는 아닐 수도 있어요. 앞으로 우리가 여행할 나라들 중에도 분명히 있을 거예요. 그러니까 세계 곳곳의 에티켓을 아는 것이 더욱 중요해요.

너의 그릇을 깨끗이 비우지 마라

우리나라에서는 먹던 음식을 남기면 꾸중을 많이 듣지요. 어떤 어른들은 머리에 꿀밤을 주면서 혼내기도 해요. 그런데 중국에서는 음식을 깨끗하게 비우면 머리에 꿀밤을 맞을지도 몰라요. 중국에서는 음식을 조금 남기는 것이 예의이기 때문이지요.

중국인들은 손님이 음식을 다 비우면 준비한 음식이 부족했다고 생각하고 매우 당황한다고 해요. 그렇기 때문에 중국에서 초대를 받아 식사할 때는 조금이라도 음식을 남기는 것이 예의예요.

우리 입장에서는 음식을 남기는 것도 좀 이상하지만 정말 우스운 이야기가 하나 있어요. 중국에서는 식사 후 트림을 해도 예의에 벗어난 행동이 아니에요. 우리나라에서 트림을 하는 것은 실례되는 행동이지만 중국에서는 음식을 먹고 멋지게(?) 트림을 한 번 해 줘야 잘

먹었다는 표시라고 해요. 참 재미있는 풍습이지요? 다음에 혹시 식사 자리에서 트림을 하게 되면 재치 있게 중국의 식사 예절이라고 하면 어떨까요?

중국에서는 음식을 먹는 순서도 우리나라와 달라요. 우리나라에서는 손님을 존중하는 의미에서 손님에게 먼저 음식을 권하지요. 그런데 중국에서는 주인이 손님보다 먼저 음식을 먹는다고 해요. 우리나라 어른들이 봤다면 버릇없는 행동이라고 할지 모르겠지만 여기에는 그럴 만한 이유가 있어요.

옛날 중국 황실에서는 독살 사건이 자주 발생했어요. 대표적인 방법이 음식에 독을 넣어 죽이는 거였어요. 사람들은 식사에 초대를 받아도 음식에 독이 들어 있을까 봐 많이 걱정했고, 그래서 주인이 손님을 안심시키기 위해 먼저 음식을 먹는 풍습이 생겼다고 해요.

세 번까지는 참아야 해

중국인은 선물을 받을 때 예의상 세 번 정도는 사양하는 풍습이 있어요. 네 번 정도 권해야 그때 비로소 고맙다는 인사와 함께 선물을 받는다고 해요. 우리나라에서는 한 번 정도는 사양하고 두 번

째는 받는 게 보통인데, 세 번씩이나 사양하다니 중국인들은 참 대단하지요?

앞으로 중국인에게 무언가를 선물할 때에는 세 번 이상 권해야 한다는 걸 꼭 기억해요. 한두 번 권하고 그만둔다면 주는 사람도 난처하고 받는 사람도 실망하게 되니까요.

꼼꼼 에티켓 노트

▶ 중국인들에게 꽃은 '생명이 짧음'을 의미하고, 주로 장례식에 쓰기 때문에 선물하지 않는 것이 좋아요.

▶ 중국인들은 짝수는 행운, 홀수는 불길하다고 생각해요. 단, 숫자 4는 짝수이지만 불길한 숫자라고 여기지요.

▶ 중국에서 청색이나 백색은 장례식에서 사용하는 색이기 때문에 사용하지 않는 것이 좋아요. 또 중국인들은 붉은색을 좋아하므로 선물을 할 때 포장지는 붉은색이 좋아요.

가깝고도 먼 나라, 일본

공식 명칭 일본
수도 도쿄(동경)
국토 377,915㎢(대한민국 : 100,363㎢)
인구 126,400,000명
언어 일본어
종교 신도(토착 종교), 불교

히로시마 평화 기념관(원폭 돔)

일본으로 출발

흔히 일본을 '가깝고도 먼 나라'라고 해요. 지리적으로는 가장 가깝지만 어딘지 모르게 거리감이 느껴진다는 뜻에서 나온 말이에요. 우리나라는 일제강점기에 당한 치욕이 있으니 그렇게 생각하는 게 당연할지도 몰라요.

일본은 4개의 큰 섬과 6,000개가 넘는 작은 섬으로 이루어졌어요. 일찍부터 앞선 문물을 받아들인 덕분에 경제 대국으로 발전했어요. 하지만 지리적인 조건은 그다지 좋지가 않아요. 환태평양 지진대에 속해 있어 크고 작은 지진이 빈번하게 일어나기 때문이지요.

일본인들은 대개 누구에게나 친절하고 예의 바른 편이에요. 하지만 제2차 세계대전 때 전 세계를 정복하려 했듯이 겉으로 드러나지 않은 야욕도 지니고 있어요. 그냥 봐서는 속마음을 잘 알 수 없다는 뜻이지요.

히메지 성

나가노 현의 마츠모토 성

　또 일본인들은 집단의식이 굉장히 강한 민족이에요. 예를 들면 우리나라에서는 '김철수입니다. ○○회사에 다니고 있습니다.'라고 자기소개를 하지만 일본에서는 '○○회사에 다니는 이치로입니다.'라고 자기소개를 한대요. 별 차이가 없다고 생각하겠지만 이 간단한 인사에서도 조직을 먼저 생각하는 일본만의 문화를 엿볼 수 있어요.

　개인보다 조직을 더 우선시하는 일본의 문화가 더 좋다고는 볼 수 없어요. 모든 것에는 장점과 단점이 있고, 무엇이든 조화를 이루는 게 중요해요. 그럼, 일본에는 어떤 에티켓이 있는지 알아볼까요?

고개를 숙여야 제대로 된 인사지

일본인들은 만나면 악수보다는 고개를 숙여 인사하는 경우가 많아요. 여기서 더 중요한 것은 고개를 숙이는 각도예요. 상대방이 높은 사람이거나 특별히 존경하는 사람이라면 인사할 때 고개를 숙이는 각도가 더 크답니다.

가끔 뉴스에서 일본 정치가나 기업가가 국민에게 거의 90도 각도로 허리를 숙여 인사하는 것을 봤을 거예요. 그렇게 인사할 때는 주로 사과하는 자리인데, 진심으로 사과한다는 의미가 인사에서 나타나는 거지요.

우리나라에서도 90도 인사를 하는 경우가 있어요. 진심으로 존

경하는 어른을 만났을 때도 90도로 인사하지만, 국회의원이나 대통령 선거를 할 때도 종종 볼 수 있는 모습이에요. 정치인들은 한 표라도 더 얻으려고 90도 각도로 인사를 해요. 하지만 선거가 끝나면 이런 인사를 보기는 어려워요.

일본 사람과 만나 인사할 때에는 상대방이 고개를 숙인 각도만큼 숙여서 인사하는 것이 예의를 잘 지키는 행동이에요. 또 한 가지, 상대방보다 먼저 고개를 드는 것은 실례가 되는 행동이니까 주의해야 해요.

어린아이에게 반말했다가는 큰코다친다

일본에서는 어린아이라고 함부로 반말을 할 수가 없어요. 자기 자식이라고 해도 반말을 하는 경우는 드물어요. 우리나라에서는 처음 보아도 자기보다 나이가 어리면 그냥 반말을 하는 경우가 많아요. 그것 때문에 가끔 오해가 생기는데, "나를 언제 봤다고 반말이야?" 하면서 싸울 때도 있지요.

우리나라에서는 대부분 어린아이에게 반말을 해요. "꼬마야, 어디 가니?" 이렇게 말이에요. 만약 어른이 어린아이를 보고 "어디 가세요?"라고 하면 주변 사람들이 오히려 이상하게 여기지요. 어린 아이에게도 쉽게 반말을 하지 않는 일본의 풍습은 긍정적으로 생각해 볼 필요가 있어요.

부부 사이에서도 반말보다는 존댓말을 하면 싸움이 훨씬 줄어든다고 해요. 오늘 당장 부모님이 어떻게 대화를 나누는지 살펴보세요. 두 분이 반말로 대화를 하는지, 아니면 존댓말로 하는지 말이에요. 아마 대부분 반말을 하겠지만 혹시 부부 싸움을 자주 하는 부모님이 있다면 꼭 존댓말을 하라고 권해 보세요. 아무리 화가 나도 존댓말로 대화를 하다 보면 싸움 횟수가 줄어들고 부모님 사이도 더 좋아질 수 있으니까요.

모든 것은 젓가락으로 통한다

우리나라는 식사할 때 젓가락과 숟가락이 모두 필요하지만 일본은 젓가락 하나만 있으면 돼요. 국물을 먹을 때도 젓가락만 있으면 되고요. 일본은 우리나라와 음식 문화가 비슷하지만 숟가락과 젓가락 사용에서 큰 차이가 있어요.

우리나라 사람들은 식사할 때 밥그릇이나 국그릇을 식탁 위에 놓고 숟가락과 젓가락을 이용해서 먹는데, 일본인들은 좀 달라요. 일본인들은 식사할 때 밥그릇을 왼손에 들고 젓가락으로만 먹어요. 국물을 먹을 때도 그릇을 들고 건더기를 젓가락으로 누르면서 입에 대고 마시지요. 이때 소리를 내면서 마시는 것은 괜찮지만, 우리나라처럼 국에 밥을 말아서 먹는 것은 예의에 어긋나는 행동

이에요.

　이런 식습관이 생긴 데에는 이유가 있어요. 일본인들이 밥그릇을 들고 식사하는 것은 옛날 일본 무사였던 사무라이의 식사 습관에서 유래되었다고 해요. 사무라이는 상대방과 식사할 때 허리를 구부리고 먹는 것은 비굴하고 자존심이 상하는 일이라고 생각했어요. 그래서 밥그릇을 들고 허리를 꼿꼿하게 세운 채로 식사를 했다고 해요.

　사무라이가 밥그릇을 들고 젓가락으로 먹게 된 또 하나의 이유는 식사할 때도 주변을 경계하기 위해서라고 해요. 고개를 숙이고 밥을 먹다가는 상대방의 기습에 당할 수도 있기 때문이지요.

　일본에서는 젓가락 사용과 관련해서 다음과 같은 금기 사항이 있어요.

첫째, 밥에 젓가락을 꽂지 않는다.

둘째, 젓가락을 입에 물고 빨지 않는다.

셋째, 젓가락으로 그릇을 움직이지 않는다.

넷째, 입안에 음식이 남아 있을 때는 다른 음식을 젓가락으로 집지 않는다.

술잔은 늘 가득 차 있어야

일본에는 독특한 술 문화가 있어요. 술은 우리 친구들과는 거리가 먼 이야기지만 미래를 위해서, 또 아빠에게 알려 주기 위해서 알아 두는 것도 나쁘지는 않겠지요?

일본에서는 술잔에 술이 조금만 비어 있어도 계속 따라 주는 풍습이 있어요. 이것을 '첨잔 문화'라고 해요. 잔에 계속 더해서 따라 준다는 의미지요. 일본에서 술을 마실 때는 이 풍습 때문에 술잔이 항상 가득 채워져 있어요. 우리나라와는 완전히 다른 풍습이에요. 우리나라는 잔을 깨끗이 비워야 술을 따라 주기 때문이지요.

일본인들과 술을 마실 때는 항상 상대방의 잔을 잘 살펴야 해요. 술잔에 술이 조금만 비어 있어도 수시로 따라 주어야 하거든요. 만약 상대방의 잔에 술이 조금밖에 없는데도 술을 따라 주지 않으면 술자리를 끝내자는 뜻으로 받아들일 수 있으니까 신경을 써야 해요. 그러면 술을 그만 먹고 싶을 때는 어떻게 해야 할까요? 그럴 때는 잔을 손으로 가리거나 잔을 가득 채워 둔 채 그대로 있으면 돼요.

또 일본에서는 아무리 높은 어른이 술을 권해도 한 손으로 받고 한 손으로 따르는 것이 예의예요. 우리와는 다른 모습이지요. 우리나라에서는 윗사람에게 두 손으로 정중히 술을 따르고, 받을 때도 두 손으로 공손하게 받는 것이 예의예요.

일본에서는 자기가 먹던 술잔을 다른 사람에게 돌리는 일도 없어요. 비위생적이라는 것이지요. 반대로 우리나라에서는 친근감의 표시로 자기의 잔을 돌리면서 술을 먹는 풍습이 있어요. 하지만 최근에는 비위생적이라고 생각해서 우리나라에서도 이런 풍습은 사라지고 있어요.

꼼꼼 에티켓 노트

▶ 일본인에게 무언가를 선물할 때는 짝수로 된 세트를 주는 것이 좋아요. 단, 4개는 불행을 가져온다고 여기므로 선물하지 않아요.

▶ 일본인들은 집에 사람을 초대하는 것을 부담스러워해요. '한번 찾아갈게.'라는 말은 실례가 되며, 초대를 받더라도 사양하는 것이 예의예요.

▶ 사람들을 빤히 바라보거나 눈을 자주 마주치는 것은 무례한 행동으로 생각해요.

역사상 가장 큰 제국을 건설했던 나라, 몽골

공식 명칭 몽골
수도 울란바토르
국토 1,564,116㎢(대한민국 : 100,363㎢)
인구 3,278,000명
언어 몽골어
종교 라마교(티베트에서 전래된 불교)

칭기즈칸 기념물 동상

몽골로 출발

몽골은 13세기경 역사상 가장 광활한 제국을 이룩했던 나라예요. 아시아는 물론이고, 일부 유럽까지 그 세력을 넓혔으니 정말로 어마어마한 제국이었어요. 칭기즈칸이라는 이름을 한 번쯤은 들어 보았을 거예요. 칭기즈칸이 바로 대제국을 건설한 몽골의 왕이에요. 몽골은 원래 '용감하다'라는 뜻을 지닌 부족의 이름이었는데, 칭기즈칸이 나라를 통일하면서 나라 이름으로 사용했어요.

우리나라도 고려 시대에 몽골의 지배를 받은 적이 있어요. 고려 시대 왕 가운데 충렬왕, 충선왕처럼 '충'으로 시작하는 이름을 가진 왕들은 모두 몽골 지배 당시 왕들이에요.

몽골은 넓은 땅에 비해 인구가 아주 적어요. 몽골 사람들은 가족들 외에는 다른 사람들을 만나기 어려워 손님이 오면 매우 친절하게 대접한다고 해요. 옛날에는 길에서 어려운 사람을 만났을 때 내버려 두고 지나가거나 가난한 사람을 도와주지 않으면 법으로 엄격하게 처벌했다고 해요.

몽골을 여행할 때는 떠나기 전에 많은 준비가 필요해요. 땅은 넓

고 마을과 마을이 매우 멀리 떨어져 있어서 어려운 상황에 처하면 도움을 받는 것도 어렵기 때문이에요. 가도 가도 끝이 없는 사막이나 초원에서 길을 헤맬 수도 있으니까 이럴 때 무엇이 필요한지 철저히 공부해서 가야 해요. 몽골은 겨울에 영하 40도 밑으로 기온이 뚝 떨어지기 때문에 여행을 하려면 6월에서 8월 사이에 가는 게 좋아요.

몽골 민족은 이곳저곳 자주 옮겨 다니는 유목 민족이기 때문에 대제국을 이룩한 나라였음에도 불구하고 건축물이나 유적지가 많지 않아요. 대신 오염되지 않은 넓은 초원을 마음껏 누비며 다닐 수 있지요.

몽골 민족은 수줍음이 많고 내성적이지만 광활한 영토를 가졌던 민족답게 자존심이 매우 강하고 급한 성격을 지녔어요. 따라서 자존심을 상하게 하는 말은 함부로 해서는 안 돼요. 그럼, 몽골에는 어떤 에티켓이 있는지 알아볼까요?

와! 도대체 끝이 어디야?

도시와 지방의 인사법이 달라

몽골 소년

몽골은 도시와 지방의 인사법이 조금 달라요. 먼저 도시에 사는 사람들은 남녀 구별 없이 만나면 악수하고 가벼운 포옹을 해요. 그런 뒤에 양쪽 뺨을 번갈아 맞대며 친근함을 표시하지요. 이것은 러시아의 영향을 받은 인사법이에요. 러시아와 국경이 붙어 있으므로 자연스럽게 영향을 받은 거예요.

시골에서는 인사말부터가 달라요. 시골 사람들은 만나면 먼저 가축의 안부를 묻고, 그다음에 가족의 안부를 물어요. 시골에는 가축을 기르는 사람들이 많기 때문에 이런 독특한 인사법이 생긴 거예요. 예를 들면 이런 식이에요.

"댁의 양은 새끼도 잘 낳고, 젖도 잘 나오지요? 집안 식구들도 모두 평안하십니까?"

이런 문안 인사를 한 뒤에는 좀 특이한 인사를 해요. 먼저 양팔을 'ㄴ' 자로 내밀어 상대방의 양팔에 포개어 놓고, 허리를 살짝 굽혀 인사를 한답니다. 그런데 이때도 주의할 점이 있어요. 상대방의 나이에 따라 팔을 포개는 위치가 정해져 있어요. 만약 상대방이 연장자면 그 사람의 팔이 위에 오게 하고, 나이가 어린 사람이 그 아래를 받쳐야 해요.

몽골에서는 친구들 사이에서도 색다른 풍습이 있어요. 헤어질 때 서로의 허리끈을 교환해 가지는 풍습이에요. 물론 이 허리끈은 다음에 다시 만날 때 돌려받아요. 참 독특한 풍습이지요? 그런데 허리끈을 새로 샀을 때는 좀 난처하지 않을까요? 물론 나중에 돌려받겠지만 당분간 만나기 어려운 친구라면 좀 억울한 생각이 들 수도 있을 거예요.

또 몽골에는 노인이 어린아이에게 친근감을 표시하는 독특한

인사법이 있어요. 노인은 애정을 표시하는 의미로 아이의 이마에 코를 대고 냄새를 맡듯 몇 번 킁킁거린다고 해요. 만약 몽골에서 노인들이 이런 행동을 하면 매우 사랑스럽다는 뜻이니까 크게 당황할 필요는 없어요.

　몽골 사람들과 인사할 때는 굳이 모자를 벗지 않아도 돼요. 몽골 사람들은 모자까지 써야 정장 차림을 한 것으로 생각하기 때문이에요. 우리나라와는 정반대의 인사법이지요? 우리나라에서는 모자를 쓰고 인사했다가는 버릇없다는 이야기를 들으니까요. 만약 몽골에서 모자를 벗어 놓을 때는 땅에 놓거나 뒤집어 놓아서는 안 되고, 반드시 높은 곳에 얹어 놓아야 해요. 이처럼 몽골은 보기보다 인사 예절이 참 많은 나라랍니다.

'게르'로 들어갈 때는 왼쪽으로

　몽골에는 '게르'라고 부르는 전통 가옥이 있어요. 게르는 흙과 돌을 이용하지 않고 나무로 기둥과 틀을 세운 뒤, 압축된 양털과 천으로 덧씌운 천막 같은 집이에요. 유목 민족이다 보니 언제라도 짐을 싸서 편하게 이동하려고 이런 집을 지은 거예요.

　게르의 중앙에는 몽골 사람들이 예로부터 신성하게 여기는 난

로가 놓여 있어요. 몽골 사람들은 이 난로를 손상시키는 행동을 죄악이라고 생각해요. 난로에 쓰레기를 버리거나 난로 주변에 날카로운 물건을 놓는 행동, 난로를 향해 발을 뻗는 행동, 난로에 물을 붓는 행동은 금기 사항이에요.

게르에 들어갈 때 문지방을 밟거나 나무 기둥에 손을 대서도 안 돼요. 또 문으로 들어갈 때는 반드시 왼쪽으로 들어가야 해요. 오른쪽은 주인이 머무는 공간이기 때문이에요. 또 게르 안에서는 휘파람을 불어서도 안 된답니다.

참 까다롭고 복잡한 예절이지요? 그렇지만 너무 복잡하게 생각할 필요는 없어요. 몽골에 가서 게르를 방문하면 무조건 왼쪽으로 들어갔다가 다리를 오므리고 가만히 앉아 있기만 하면 돼요. 어때요? 간단하지요?

술을 많이 마셔야 예의 있는 사람

술을 많이 마셔야 예의 있는 사람이라고요? 우리나라 같으면 오히려 예의가 없다고 혼쭐이 날 것 같은데 말이지요. 무슨 소리인가 고개를 갸웃하는 친구들이 많을 거예요. 이 이상한 예절은 몽골 사람들의 독특한 술 문화 때문에 생겨났어요.

몽골 사람들의 술 문화는 우리나라와 비슷한 점이 많아요. 우리나라 사람들은 한번 술을 마시면 취할 때까지 마시는 경우가 많은데, 몽골 사람들도 더하면 더했지 덜하지 않아요. 그래서 대개 술을 마실 때는 많이 취하는 것이 예의라고 할 정도지요. 또 취해서

저지른 행동에 대해서도 매우 관대한 편이에요. 술자리에서는 어떤 이야기를 해도, 심지어 싸움을 해도 다음 날 아무 일도 없던 것처럼 행동하곤 한답니다.

그뿐만이 아니에요. 남의 집을 방문했을 때는 주인의 대접에 감사하는 뜻으로 일부러라도 취한 모습을 보여 주는 것이 예의라고 해요. 여기에는 그만한 이유가 있어요.

옛날 몽골에서는 여러 부족이 세력 다툼을 벌이는 경우가 많았어요. 그런데 다른 부족이 화해하자며 찾아와서 취한 척하고 있다가 사람들을 죽이고 재산을 뺏는 일이 종종 있었대요. 그런 손님이 방문한다면 주인이 불안해하거나 의심을 하지 않겠어요? 그 뒤로 몽골에서는 집주인을 안심시키려고 일부러 취하도록 술을 마시는 풍습이 생겼다고 해요. 몽골 사람과는 술자리에서 취해야 좋은 관계를 맺을 수 있으니까 술이 지나치게 약한 사람이나 센 사람은 특별히 신경을 써야 해요.

담배를 교환하지 않으면 절교

몽골에서는 남성들끼리 코담배를 교환하는 풍습이 있어요. 코담배는 한 손에 쥘 만한 작은 병을 코에 대고 냄새를 맡는 담배예요.

말 그대로 코로 담배를 피우는 거랍니다.

몽골 남성들은 모두 이 코담배를 지니고 있어요. 남자들은 만나면 코담배를 서로 교환하는데, 만약 한쪽이 거절하면 절교하는 것으로 받아들인다고 해요. 코담배는 몽골 남성들이 즐기는 일종의 고급 취미인데, 옥으로 만든 담배 병 중에는 무척 비싼 것도 있어요. 우리나라는 나라에서 정책적으로 금연 운동을 하고 있는데, 만약 몽골에서 금연 운동을 하면 이런 풍습은 어떻게 될까요?

꼼꼼 에티켓 노트

▶ 몽골에서는 허락 없이 아무것이나 촬영해서는 안 돼요.

▶ 손가락으로 사람을 가리키는 행동은 금기 사항이에요. 손가락은 동물을 가리킬 때 사용하고, 사람을 가리킬 때는 손바닥을 위로 향하게 해서 공손히 가리켜요.

▶ 국경이 맞닿아 있는 중국이나 러시아와 관련된 정치 이야기는 몽골 사람들이 예민하게 생각하기 때문에 피하는 것이 좋아요.

▶ 좋은 관계를 유지하려면 말 젖으로 빚은 '아이락(마유주)' 술을 나눠 마시는 게 좋아요.

가난하지만 풍요로운 나라, 인도

타지마할

공식 명칭 인도공화국
수도 뉴델리
국토 3,287,263㎢ (대한민국 : 100,363㎢)
인구 1,384,300,000명
언어 힌디어, 영어
종교 힌두교

인도로 출발

인도는 불교의 발상지로 알려져 있지만 정작 대부분의 국민은 힌두교를 믿어요. 힌두교의 영향으로 인도 사람들은 소를 신성한 동물로 여겨 소고기는 절대로 먹지 않지요.

인도는 여행 중에는 무덥고 힘들어서 빨리 벗어나고 싶은 나라지만 여행 후에는 다시 가 보고 싶을 정도로 묘한 매력이 있는 나라라고 해요. 인도를 가 보지 않고는 이 말의 뜻을 이해하기는 힘들겠지만 그만큼 묘한 끌림이 있는 나라라는 거지요.

인도는 세계에서 가장 상반된 두 가지 모습을 지닌 나라이기도 해요. 원자력 발전소를 돌리고, 우주 탐사선을 쏘고, 인터넷과 컴퓨터 산업의 강국으로 유명한 나라지만, 다른 한편으로는 아직도

인도문

신분제의 악습이 존재하고, 전염병과 가난으로 고통을 받는 나라이기 때문이지요. 그러면서도 인도 사람 중에는 정신적 깨달음을 얻으려고 고행을 하는 사람들이 무척 많아요. 물질적으로는 가난하지만 정신적인 풍요로움을 추구하는 모습이라고 볼 수 있지요.

또한 인도는 많은 언어를 사용하고 있는 나라예요. 국민의 3분의 1이 사용하는 힌디어와 제2공용어인 영어를 포함해 15개 언어를 공용어로 채택하고 있어요.

인도에는 옛날부터 '카스트 제도'라는 신분제가 있었어요. 사람이 태어날 때부터 귀족과 천민으로 계급을 나누는 불평등한 제도가 바로 카스트 제도예요. 지금은 헌법으로 카스트 제도를 금지하고 있지만 아직도 지방에서는 이 제도가 남아 있어서 인도의 발전에 큰 장애가 되고 있어요. 그럼, 인도에는 어떤 에티켓이 있는지 알아볼까요?

인도 전통 춤

두 손을 합장하면서 '나마스테'

인도 남성들은 인사할 때 대개 악수를 하지만 여성에게는 합장을 하면서 허리를 숙이는 인사를 해요. 합장을 하면서는 '나마스테'라고 말하는데, 이 말은 '당신을 존경합니다.'라는 뜻을 담고 있어요. 인도의 전통 인사법은 태국의 불교식 인사법과 비슷하지만 합장한 손을 얼굴 쪽으로 올리지 않는 것이 조금 달라요.

나마스테보다 더 정중하게 하는 인사도 있어요. 오른손으로 상대방의 발등을 만진 뒤 그 손가락을 자신의 이마에 대는 인사법이에요. 이 인사는 주로 부모님이나 스승, 존경하는 어른에게 하는데, '나는 당신 발의 먼지도 감당하기 힘이 듭니다.'라는 의미가 담겨 있어요. 그만큼 자신을 낮추고 상대를 존경한다는 뜻이에요. 그러면 인사를 받은 사람이 매우 기뻐하며 인사한 사람을 축복한다고 해요.

만약 인도 사람에게 이런 인사를 받았다면 가장 큰 예의를 갖추어 인사를 했다는 표시니까 절대 이상한 행동이라고 생각하면 안 돼요.

가족 사항을 꼬치꼬치 물어봐

인도 사람들은 처음 만난 자리에서 가족에게 관심을 보이고, 안부를 묻는 것을 예의라고 생각해요. 왜냐하면 자기 집안에 관한 자부심이 굉장히 강한 민족이기 때문이에요. 오늘날 인도의 많은 회사들이 여러 대에 걸쳐 자식에게 기업을 물려주는 것도 가족 간에 강한 유대감이 있기 때문이랍니다.

우리나라와는 조금 다른 모습이지요? 우리나라 사람들은 처음 만난 자리에서 가족에 관한 이야기를 꼬치꼬치 물으면 큰 실례라고 생각하거든요.

혹시 인도 사람이 처음 만난 자리에서 가족에 대해 꼬치꼬치 물어보더라도 불쾌하게 생각할 필요는 없어요. 인도 사람 입장에서는 그것이 상대방에 대한 예의니까요. 만약 인도 사람에게 어떤 부탁을 해야 한다면 먼저 가족의 안부를 물어보세요. 그러면 예의가 있다고 여기면서 기쁜 마음으로 부탁을 들어줄지도 몰라요.

불쌍한 왼손

정확한 통계는 아니지만 세계 인구의 약 10퍼센트가 왼손잡이라고 해요. 그런데 우리나라 사람은 약 4퍼센트만이 왼손잡이랍니다. 세계적인 통계치보다 우리나라의 왼손잡이 수치가 낮은 데에는 다 그만한 이유가 있어요. 우리 친구들은 잘 모르겠지만 예전에는 왼손으로 젓가락질을 하거나 연필을 잡으면 어른들에게 많이 혼났어요. 왼손은 재수가 없다는 선입견이 있었기 때문이에요.

그런데 인도만큼 왼손에 대한 차별이 심한 나라도 드물어요. 인도 사람들에게 왼손은 정말로 불쌍한 손이에요. 왼손은 아무 죄도 없지만 불결하고 나쁜 손 취급을 받고 있어요. 인도 사람들은 물건을 전할 때도 오른손을 쓰고, 명함을 주거나 악수할 때에도 오른손만을 사용해요. 음식을 먹을 때도 반드시 오른손을 사용하지요.

그럼, 왼손은 언제 사용할까요? 왼손은 화장실에서 사용하는 손이에요. 인도의 화장실에는 휴지가 없는 곳이 많았어요. 왜냐하면 물을 사용해 손으로 씻기 때문이에요. 이때 사용하는 손이 바로 왼손이었어요. 인도에는 오른손과 왼손의 용도가 철저하게 구분되어 있어요.

만약 인도 사람들과 식사하는 자리에서 어떤 사람이 왼손으로 밥을 먹었다고 상상해 보세요. 인도 사람들의 표정이 어떻게 변할까요? 인도 사람들에게 왼손은 화장실에서 사용하는 손인데, 그 손으로 밥을 먹고 있으니 같이 식사할 기분이 들겠어요? 그러니까 인도 사람들과 만났을 때 왼손은 아예 없다고 생각하는 게 좋아요.

소고기는 절대 안 돼

인도에서 소 팔자는 사람 팔자보다 더 좋다는 말이 있어요. 종교적으로 소를 신성시하는 힌두교의 영향 때문이기도 하지만 인도에서는 원래부터 소를 소중한 동물로 여겼어요.

특히, 인구가 크게 늘면서 소는 인도에서 더욱 소중한 동물이 되었어요. 왜냐하면 논밭을 경작할 때 소는 꼭 필요하고, 영양 높은 우유도 늘 제공해 주기 때문이지요. 또 소 배설물까지 땔감으로 활

용할 수 있어서 인도에서는 소를 더욱 보호하고 아끼게 되었어요. 결국 소는 신성함의 경지까지 이르게 되었지요.

　우리나라에서도 소는 인도처럼 예로부터 굉장히 중요한 동물이었어요. 시골에서는 농사도 돕고 살림 밑천도 되는 소를 지극정성으로 키웠어요. 그렇게 잘 키워서 팔면 자식들 공부도 시킬 수 있고, 땅도 살 수 있었기 때문이지요. 인도와 비교하기는 좀 그렇지만 소를 소중하게 생각한 것은 거의 비슷하다고 볼 수 있어요.

　아무튼 인도 사람들 앞에서는 소고기는 먹지 않는 것이 좋고, 소가죽으로 만든 선물도 하지 않는 것이 예의예요.

꼼꼼 에티켓 노트

▶ 인도에서는 여성과 단둘이 대화하거나 여성의 몸을 건드리는 행동은 피해야 해요.

▶ 신발이 상대의 몸에 닿는 것은 무례한 행동이에요.

▶ 양손을 허리에 짚고 서 있는 행동은 하지 말아야 해요. 상대방이 공격하려는 행동으로 받아들일 수 있기 때문이에요.

불교의 나라, 태국

공식 명칭 타이 왕국
수도 방콕
국토 513,120㎢ (대한민국 : 100,363㎢)
인구 69,700,000명
언어 타이어
종교 불교

왓 마하탓의 불상

태국으로 출발

태국은 역사적으로 아시아에서 유일하게 식민 지배를 받지 않았어요. 이 점에 대해서 태국 국민들의 자부심은 대단하답니다. 또한 외세의 침략 없이 고유의 문화를 잘 간직해 온 까닭에 일찍부터 관광 정책을 펼쳤고, 지금은 전 세계 사람들이 찾는 관광 대국이 되었어요. 나라 전체 수입의 약 60퍼센트가 관광으로 벌어들인 것이라고 해요.

태국은 일본처럼 입헌군주제를 채택하고 있어요. 입헌군주제란 왕은 상징적인 존재로만 있고, 정치에는 관여하지 않는 정치 제도예요. 그렇다고 해서 왕을 무시하지는 않아요. 왕에 대한 국민들의 존경과 사랑은 예나 지금이나 아주 대단하다고 해요.

또한 태국은 전 국민의 95퍼센트가 불교를 믿는 불교 국가예요.

태국 전통 춤

대부분의 사람이 종교적인 영향을 받아 인정도 많고 낙천적인 성격을 지니고 있어요. 승려에 대한 존경과 믿음도 매우 크므로 아침, 저녁 식사 때마다 승려에게 먼저 음식을 바친 뒤에 자신들의 식사를 챙길 정도예요. 또 태국의 모든 남성은 3개월간 의무적으로 승려 생활을 해야 해요. 이쯤 되면 왜 태국을 불교의 나라라고 하는지 이해가 되겠지요? 그럼, 불교의 나라 태국에는 어떤 에티켓이 있는지 알아볼까요?

남의 머리는 '노터치 No Touch'

태국에서는 남의 머리를 함부로 만지거나 쓰다듬는 행위를 해서는 안 돼요. 특히 어린아이가 귀엽다고 머리를 쓰다듬는 행동은 더더욱 안 된답니다. 우리나라는 어른들이 칭찬을 하거나 귀엽다는 표시로 어린아이의 머리를 쓰다듬어 주곤 하는데, 같은 행동을 태국에서 했다가는 큰 낭패를 당할 수가 있어요.

태국에는 신체의 가장 높은 곳에 있는 머리를 신성시하는 풍습이 있어요. 그래서 머리를 만지면 신성한 곳을 만지는 것으로 여기고 매우 불쾌하게 생각해요. 반대로 신체의 가장 낮은 부분에 있는 발은 어떻게 생각할까요? 당연히 가장 천하게 생각해요. 따라서 태국에서는 발로 다른 사람이나 물건을 가리키는 것은 매우 무례한 행동이에요.

전통 인사법은 '와이'

태국에는 불교식의 전통 인사법인 '와이'가 있어요. 와이는 영어의 'Why'가 아니니까 착각하면 안 돼요. 와이는 양 손바닥을 마주 붙인 다음, 얼굴 가까이 닿도록 머리를 숙여서 하는 인사예요. 이때 손가락 끝은 위를 향해야 해요. 우리나라 절에서 스님들이 하는 인사와 거의 비슷하지요. 다른 어떤 인사보다 존경과 예의가 묻어나는 인사라고 할 수 있어요.

와이 인사를 할 때는 한 가지 꼭 명심해야 할 것이 있어요. 와이는 반드시 나이가 어린 사람이 먼저 하고, 연장자가 나중에 같은 자세로 답례를 하는 것이 예의예요. 연장자가 먼저 인사하는 경우는 없으니까 나이가 어리다면 꼭 먼저 다가가서 공손히 인사해야 한답니다.

와이는 태국 사람들의 인사법이긴 하지만 상대방이 와이 인사를 하면 외국인도 와이로 답례해 주는 것이 좋아요. 그만큼 상대방을 존중한다는 의미가 담겨 있으니까요. 오고 가는 인사 속에 당연히 서로의 관계도 좋아지지 않겠어요?

　와이 인사법은 세상에서 가장 마음을 편하게 해 주는 인사라고도 해요. 실제 인사를 하지 않더라도 마음이 불안하거나 답답할 때

와이 인사를 한번 해 보세요. 'why(왜)'라고 묻지 말고, 일단 하고 나면 어느 정도 마음의 평온을 느낄 수 있을 거예요.

남녀칠세부동석과 여성승려부동석

우리나라는 유교의 영향으로 조선 시대에 '남녀칠세부동석男女七歲不同席'이라는 말을 엄격히 지켰어요. 일곱 살이 되면 남녀가 같은 자리에 앉을 수 없다는 뜻이에요. 남성과 여성을 엄격하게 구별한 우리 조상들의 유교 풍습이지요.

그런데 태국에서는 여성과 승려를 엄격하게 구별하고 있어요. 태국을 여행하는 여성 관광객이라면 승려를 만났을 때 특히 조심해야 해요. 태국에서는 승려에게 악수를 청하거나 사진 촬영을 요청하는 것은 금기 사항이에요. 또 승려에게 직접 물건을 건네주어서도 안 돼요.

버스 같은 대중교통을 이용할 때도 지켜야 할 예절이 있어요. 승려의 옆자리에 여성이 앉아서는 안 돼요. 남녀칠세부동석과 비슷하게 표현하면 '여성승려부동석女性僧侶不同席'이에요. 여성들은 승려와의 접촉을 피해야 한다는 뜻이에요.

이것은 여성을 무시해서 만들어진 풍습은 아니에요. 오히려 태국은 여성들을 그 어떤 나라보다 존중하는 나라예요. '여성승려부동석'은 그저 수행을 하는 승려와 여성의 접촉은 괜한 오해를 불러일으킬 수 있기 때문에 사전에 이를 막기 위해서 만든 금기 사항일 뿐이에요.

태국은 불교 국가라서 그런지 불교 사원과 승려에게 지켜야 할 예절이 무척 많은 나라예요. 불교 사원을 방문할 때는 복장에도 신경을 써야 해요. 샌들 같은 신발도 신어서는 안 되고, 단정하지 못

한 옷차림을 하면 사원에 들어갈 수도 없어요. 특히, 여성들은 핫팬츠나 미니스커트를 입으면 안 돼요.

또 태국에서는 불상을 매우 신성하게 생각해요. 훼손된 불상이라도 신성하게 모시는 건 마찬가지예요. 함부로 불상을 만지는 행위는 철저하게 금하고 있어요.

왕실 모독죄가 있는 나라

왕과 왕실에 대한 태국 국민의 존경은 거의 절대적이라고 할 수 있어요. 그렇기 때문에 태국에서는 왕과 왕실에 관계된 어떤 험담이나 행동도 해서는 안 돼요. 극장에서 영화 상영을 하기 전에도 국왕에 대한 찬가가 먼저 나오는데, 이때에는 모두 자리에서 일어서야 해요. 우리나라에서 애국가가 울려 퍼지면 자리에서 모두 일어서는 것처럼 말이지요.

태국의 거리 곳곳에도 왕의 대형 초상이 걸려 있어요. 만약 왕의 초상화에 손가락질을 하거나 낙서를 하여 훼손을 하면 곧바로 왕실 모독죄로 붙잡혀 가게 돼요. 이것은 외국인에게도 적용되는 법이에요. 왕실 모독죄가 인정되면 짧게는 3년, 길게는 15년까지 감옥 생활을 할 수도 있어요. 실제로 어떤 외국인이 왕의 초상화에페인트칠을 하다가 적발되어 감옥에 갇힌 적도 있었어요. 다행히 이 외국인은 나중에 왕의 특별 사면을 받아 석방되었다고 해요.

　태국에서는 왕의 얼굴이 새겨진 화폐도 소중히 다루어야 해요. 한번은 이런 일도 있었어요. 호텔 주차장에서 대기 중이던 운전기사들이 심심풀이로 도박을 하다 체포가 되었어요. 이때 운전기사들에게 먼저 적용된 죄는 도박죄가 아니라 '왕실 모독죄'였어요.

왕의 초상이 새겨진 화폐를 땅바닥에 두고 도박을 했기 때문이에요. 태국에서 왕과 왕실에 대한 존경이 얼마나 대단한지 알 수 있는 대목이지요.(2016년 존경을 받던 푸미폰 국왕이 사망한 이후에는 왕실에 대한 존경이 조금 약해지면서 왕실 개혁에 대한 이야기도 나오고 있음.)

 **꼼꼼 에티켓 노트**

▶ 태국에서는 중국에서처럼 식사에 초대를 받으면 음식을 조금 남기는 것이 예의예요.

▶ 태국의 가정집에 들어갈 때는 신발을 벗어야 해요.

▶ 태국인들은 자신의 감정을 그대로 드러내면 무례하고, 교양 없다고 생각해요.

▶ 빈부의 차이를 의식하지 않기 때문에 경제력을 과시하는 행동을 해서는 안 돼요.

자존심이 강한 나라, 베트남

공식 명칭 베트남사회주의공화국
수도 하노이
국토 331,230㎢ (대한민국 : 100,363㎢)
인구 97,300,000명
언어 베트남어
종교 불교

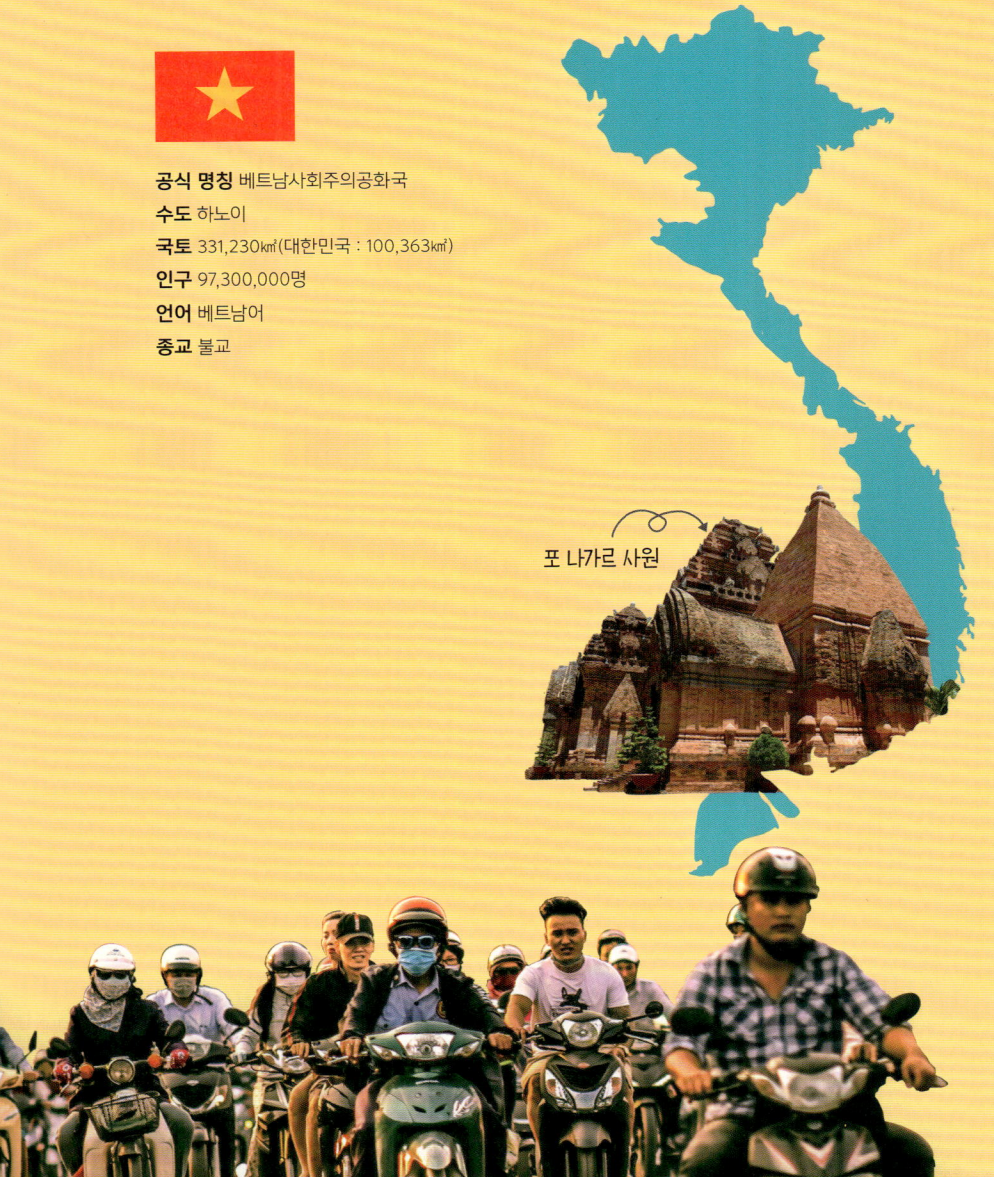

포 나가르 사원

베트남으로 출발

　베트남 사람들은 근면, 성실, 인내, 끈기, 용기를 두루 지닌 민족이에요. 이런 뛰어난 국민성은 베트남 역사에서도 찾아볼 수 있어요. 베트남은 중국과 국경을 맞대고 있으므로 오랜 옛날부터 끊임없이 전쟁을 벌여 왔고, 중국의 지배를 받기도 했어요. 그러다가 1800년대 중반부터 1900년대 중반까지는 프랑스의 식민 지배를 받았어요. 프랑스의 지배에서 벗어나서는 남과 북이 갈라져 같은 민족끼리 큰 전쟁을 치르기도 했어요.

　베트남은 우리와도 인연이 있는 나라예요. 베트남의 남북 전쟁 당시 우리나라 군대가 파견되어 남쪽을 도운 적이 있었어요. 남쪽은 미국 등 세계 여러 나라의 지원을 받았지만 결국 베트남전쟁은 정신력으로 끝까지 버틴 북쪽의 승리로 끝났어요. 그 때문에 베트남 사람들은 오랜 세월 동안 중국과 프랑스, 미국 등 강대국들과 싸워서 이겼다는 자부심이 대단해요. 또한 남녀평등 의식이 강해서 여성의 사회 참여가 활발한 곳이에요.

미국 벙커가 남아 있는 하이반 고개

베트남에는 전통 의상인 '아오자이'와 '논'이 유명해요. 아오자이는 베트남 여성들이 천 년 전부터 입어 오던 전통 의상이에요. 아오는 '옷', 자이는 '길다'라는 뜻으로, 긴 상의와 같은 색의 바지로 이루어져 있어요. 특히 흰색의 아오자이는 깨끗함을 상징해 교복으로 많이 사용되고 있어요. 몸의 치수를 꼼꼼히 재서 몸에 딱 맞게 만든 옷이기 때문에 여성미를 살린 매력적인 옷이라 할 수 있어요.

논은 베트남 여성들이 전통 의상에 착용하는 삿갓 형태의 모자예요. 야자나무 잎을 이용해 만드는 논은 기술자도 하루에 몇 개

만들지 못할 만큼 정성이 깃든 모자예요. 비가 올 때는 우산으로, 햇빛이 강할 때는 양산으로, 더운 날에는 부채로 사용되고, 물건을 담는 용도로도 사용돼요. 그럼, 베트남에는 어떤 에티켓이 있는지 알아볼까요?

숟가락은 식탁 위에 엎어 놓아야

베트남 사람들은 큰 그릇에 음식을 담아서 여러 사람이 함께 먹는 편이에요. 그래서 자기가 먹던 젓가락으로 음식을 떠서 주는 경우가 많아요. 이렇게 음식을 권하는 것은 다정함을 나타내는 표시니까 절대 불결하게 생각해서는 안 돼요.

우리나라처럼 식사할 때는 젓가락과 숟가락을 모두 사용하는데, 젓가락은 밥을 먹을 때 사용하고 숟가락은 국을 떠먹을 때만 사용해요. 우리나라와 다른 점은 밥그릇을 식탁 위에 두지 않고, 손바닥에 올려놓고 젓가락으로 떠서 먹는다는 거예요. 일본 사람들이 밥을 먹을 때와 비슷하지요.

식사를 마친 뒤에는 젓가락을 밥그릇 위에 가지런히 놓아야 해요. 그럼, 숟가락은 어떻게 해야 할까요? 숟가락은 식탁 위에 엎어 놓아야 해요. 우리나라에서는 숟가락을 엎어 놓으면 어른들에게

복이 나간다거나 재수가 없다고 잔소리를 듣지만 베트남에서는 그렇게 하는 게 예의예요. 베트남에서도 음식은 조금 남기는 것이 예의라고 해요. 남겨야 배부르게 잘 먹었다는 뜻이라는 거지요.

어깨동무하면 안 돼

어깨동무는 친구들 사이에서도 친한 경우에만 할 수 있는 행동이지만 베트남에서는 친한 사이라도 어깨동무를 해서는 안 돼요. 어깨동무뿐만 아니라 어깨에 손을 대는 행동조차도 예의에 벗어나는 행동이에요.

베트남 사람들은 어깨에 그 사람의 수호신이 머물러 있다고 생각해요. 그렇기 때문에 아는 척한다고 어깨에 손을 대는 행동이나, 길을 묻느라고 어깨를 건드리는 행동은

하지 말아야 해요. 같이 길을 걸을 때도 어깨를 부딪칠 수 있으니까 베트남 사람들과는 조금 떨어져서 걷는 것이 좋아요.

조상에 대한 예절은 베트남 사람들이 최고

베트남 사람들은 조상을 매우 극진하게 숭배한다고 해요. 우리나라도 조상에 대한 예절로 제사를 지내지만 베트남 사람들은 평상시에도 집 안에 제사상을 차려 놓고 있어요. 베트남 사람들이 집 안에 차려 놓는 이 제사상을 '반터'라고 불러요.

베트남의 어느 가정을 가더라도 집 안에 텔레비전이나 냉장고는 없어도 반터는 있어요. 아무리 시골 오지 가난한 집이라도 집 안의 입구 한가운데에 반터가 놓여 있다고 해요. 베트남에는 이 반터에 음식과 죽은 조상의 사진을 모셔 놓고 조상의 영혼을 기억하는 풍습이 있어요. 요즘은 반터의 모습에서 그 집안의 경제력을 알 수 있는데, 부자일수록 반터를 더욱 화려하게 장식한다고 해요.

베트남 가정을 방문했을 때에는 반터 앞에서 잠깐 고개를 숙이는 것이 예의예요. 그렇지 않으면 조상도 모르는 놈이라고 욕을 먹을지도 몰라요.

베트남 사람들은 숫자에 민감해

 나라마다 불길하게 생각하는 숫자가 있을 거예요. 우리나라는 특히 '4'자를 싫어하지요. 한자의 '죽을 사死'와 같은 발음이기 때문인데, 서양 사람들은 '13'이라는 숫자를 싫어해요. 그중에서도 '13일의 금요일'은 더더욱 싫어하지요. 13일의 금요일에 큰 사고들이 많이 일어나서 그런 관습이 생기게 된 거지요.

베트남 사람들이 싫어하는 숫자는 '3'과 '5'라고 해요. 결혼하거나 이사할 때, 또 개업식을 할 때 반드시 3과 5가 들어가는 날은 피한다고 해요.

싫어하는 숫자가 있다면 좋아하는 숫자도 있겠지요? 우리나라 사람들이 '7'을 행운의 숫자로 여기고 좋아하는 것처럼 베트남 사람들이 좋아하는 숫자는 '9'라고 해요. 만약 베트남 사람과 좋은 관계를 유지하고 싶다면 9가 들어간 날에 만나는 것이 좋겠지요?

꼼꼼 에티켓 노트

▶ 베트남에서 외국인들에게는 종교의 자유가 있지만 거리에서 찬송가를 부르거나, 베트남 사람을 대상으로 선교 활동을 하는 것은 금지되어 있어요. 만약 그러한 행동이 발각되면 추방당할 수도 있어요.

▶ 베트남전쟁에 대해서는 절대로 먼저 이야기를 꺼내지 않는 게 좋아요.

▶ 베트남에서 시간 약속에 늦는 것은 큰 실례라고 생각하기 때문에 약속을 하면 조금 일찍 도착하는 것이 좋아요.

고난의 역사를 가진 나라, 캄보디아

공식 명칭 캄보디아왕국
수도 프놈펜
국토 181,040㎢ (대한민국 : 100,363㎢)
인구 16,700,000명
언어 크메르어
종교 불교

캄보디아로 출발

캄보디아는 '앙코르와트'라는 세계적인 문화 유적지가 있는 나라예요. 앙코르와트는 지금의 캄보디아 지역에서 가장 강력한 세력을 떨쳤던 앙코르 왕조(8~15세기) 때 만들어진 유적이에요. 앙코르와트 유적은 앙코르 왕조가 붕괴된 이후 많은 전쟁으로 파괴되었을 뿐 아니라 자연재해 등으로 방치되면서 정글 속에 오랫동안 묻혀 있었어요. 그러다가 1860년대 초 프랑스 식민지 시대에 이곳을 방문한 프랑스인에 의해 처음으로 세상에 모습을 드러내게 되었어요. 하지만 오랜 기간 무관심 속에 버려져 있었기 때문에 복구가 쉽지 않았어요.

특히 1970년대에 터진 내전은 나라 전체를 더욱 어렵게 만들었어요. 고래 싸움에 새우 등 터진다고 강대국들의 이권 다툼 때문에 같은 민족끼리 죽고 죽이는 큰 전쟁이 일어났던 거예요. 캄보디아 내전은 1980년대까지 계속되었는데, 이 기간 동안 죽은 사람이 캄보디아 인구의 4분의 1이나 된다고 해요.

앙코르와트

　캄보디아는 1990년 초에 이르러서는 나라가 조금 안정되긴 했지만 아직도 전쟁의 아픈 기억 속에서 완전히 벗어나지 못한 채 살아가는 사람들이 많아요. 전쟁으로 인해 많은 가족이 뿔뿔이 헤어지게 되었고, 일할 수 있는 남성 인구가 크게 감소한 탓에 가난한 생활에서 벗어나지 못하고 있어요. 이런 아픔을 간직한 캄보디아에는 어떤 에티켓이 있는지 알아볼까요?

사람을 부를 때는 손바닥을 아래로

캄보디아에서 사람을 부를 때는 반드시 손바닥을 아래로 향하게 해서 불러야 해요. 손바닥을 위로 향하게 해서 부르는 것은 금기 사항이에요.

우리나라도 사람을 부를 때는 캄보디아와 비슷한 풍습을 갖고 있어요. 간혹 손바닥을 위로 해서 부르는 경우가 있는데, 이때는 상대방을 무시하는 행동이라고 볼 수 있어요. 강아지를 키우는 친구들은 잘 알 거예요. 보통 강아지를 부를 때는 손바닥을 위로 해서 부르는 경우가 많아요. 강아지를 부르는 방법을 사람한테 쓰니까 당연히 화가 날 수밖에 없지요.

사람을 부를 때 캄보디아에서 더욱 주의해야 할 게 있어요. 손바닥을 위로 향한 채 검지로 부르는 행동이에요. 이것은 남성이 여성을 유혹할 때 쓰는 방법이니까 함부로 사용해서는 안 돼요.

불상 앞에서는 한쪽으로 다리를 모으고 앉아야

캄보디아는 불교 국가이기 때문에 절이나 법당 안에 들어갈 때는 특별히 예의를 지켜야 해요. 절에 들어갈 때는 반드시 모자를 벗어야 하고, 법당 안으로 들어갈 때는 신발도 벗어야 해요. 부처

님 제단 앞에 앉을 때는 두 다리를 한쪽으로 모아서 앉아야 해요. 우리나라 식으로 책상다리를 해서는 안 돼요.

손가락으로 불상이나 승려를 가리키는 행동도 해서는 안 돼요. 또 여성들이 승려와 접촉하는 것도 당연히 삼가야 하는 행동이에요.

캄보디아에서는 소리를 지르거나 화내지 마라

캄보디아에서 크게 소리를 지르거나 화를 내는 모습은 굉장히 예의 없는 행동이에요. 캄보디아 국민들은 기억조차 하기 싫은 아픈 전쟁을 겪었어요. 갑자기 소리를 지르거나 화를 내는 것은 무시무시했던 전쟁을 떠올리게 하므로 각별히 주의해야 해요.

또한 캄보디아는 오랜 전쟁으로 인해 아직도 많은 시설이 불편하고, 사람들의 서비스도 좋지 못한 편이에요. 캄보디아 사람들의 서비스가 좋지 못한 것은 제대로 교육을 받은 사람이 많지 않아서라고 해요. 전쟁 중에 캄보디아에서는 교육을 많이 받은 사람이나 부유한 사람들을 '세균'이라고 하여 대부분 처형했어요. 의사, 교수, 화가, 음악가, 심지어는 대학 졸업자나 영어를 잘하는 사람, 얼굴과 손이 하얀 사람, 뚱뚱한 사람까지 모두 죽임을 당했지요.

나라의 발전을 이끌어 갈 사람들이 모조리 죽임을 당하는 바람에 나라 전체가 더디게 발전했고, 사소한 서비스도 제대로 이루어지지 못했던 거예요. 아직도 캄보디아 사람들은 전쟁의 공포를 완전히 잊지는 못했지만 지금은 모두가 잘살기 위해 많은 노력을 기울이고 있어요. 무엇보다 캄보디아에서는 그들의 고통스러운 역사와 삶을 알고, 그것을 이해해 주려는 마음이 중요해요.

 **꼼꼼 에티켓 노트**

▶ 캄보디아에서 어린이의 머리를 만지는 것은 좋지 못한 행동이에요.

▶ 캄보디아는 독실한 불교 국가이기 때문에 기독교 선교 활동을 해서는 안 돼요.

▶ 캄보디아의 전통적인 인사법은 양손을 합장하여 허리를 숙이는 불교식 인사법이지만 남성들은 악수를 많이 하고, 여성들은 전통적인 방법대로 인사해요. 단, 외국인이 여성에게 악수를 청하는 것은 허용되지요.

▶ 여성의 정숙함이 강조되는 나라이기 때문에 여성들은 단정한 차림을 해야 하고, 식사할 때도 다리를 모은 상태로 하고, 목욕할 때는 얇은 옷을 걸치고 해야 해요.

법률과 규범의 나라, 싱가포르

공식 명칭 싱가포르공화국
수도 싱가포르
국토 710㎢ (대한민국 : 100,363㎢)
인구 5,850,000명
언어 말레이어, 영어, 중국어
종교 불교, 도교, 이슬람교, 기독교

스리마리아만 사원

싱가포르로 출발

싱가포르를 한마디로 표현하면 작지만 강한 나라예요. 나라는 작지만 세계적인 교통과 상업의 중심지로 자리 잡고 있기 때문이에요. 싱가포르는 우리나라 서울의 면적보다 약간 크고, 서울 인구의 반이 조금 넘는 사람들이 사는 도시 국가예요. 도시 국가라는 말은 도시 하나가 곧 나라라는 뜻이에요. 싱가포르에 사는 국민은 4분의 3이 중국인이고, 그 나머지는 말레이시아인, 인도인으로 이루어져 있어요.

싱가포르는 '사자의 도시'라는 멋진 별명을 지니고 있어요. 수마트라섬의 한 왕자가 사냥을 하다가 사자처럼 생긴 이상한 동물이 섬으로 사라지는 것을 보고 '싱가(사자) 푸라(도시)'라고 불렀는데, 여기서 '싱가포르'의 이름이 유래됐어요.

싱가포르를 방문하면 머리는 사자, 몸은 물고기인 '머라이언' 동상을 여기저기서 볼 수 있어요. 바다를 뜻하는 '머mer'와 사자를

싱가포르 도심의 풍경

뜻하는 '라이언lion'을 합쳐서 이름을 붙인 이 동상은 사자의 도시이자 항구 도시인 싱가포르를 상징하는 유명한 동상이에요.

역사적으로 싱가포르는 원래 말레이시아 땅이었는데, 1800년대 초에 영국의 식민지가 되었어요. 그 이후 다시 말레이시아에 속했다가, 1965년에 드디어 어엿한 한 나라로 독립했어요.

앞에서도 이야기했듯이 싱가포르는 지리적 조건으로 인해 세계 최고의 교통 중심지로 자리를 잡았고, 동남아시아에서 가장 큰 무역항을 가진 덕분에 세계 상업의 중심지가 되었어요. 이런 조건에 있다 보니 온 나라가 부유하고, 국민에게도 혜택이 골고루 돌아가서 가장 살기 좋은 나라로 손꼽히고 있어요.

또 싱가포르는 세계에서 환경이 가장 깨끗하고, 법이 잘 지켜지는 나라라고 알려져 있어요. 정부의 엄격한 관리 아래 나라 안의 크고 작은 일이 모두 이루어지고 있고, 사소한 것까지 엄격하게 법을 적용하는 나라이기도 해요. 술, 담배 등을 가지고 싱가포르에 들어가면 세금을 내야 하고, 거리를 더럽히기 때문에 껌을 수입하는 것도 금지되어 있어요. 또 마약을 가지고 있다 걸리면 바로 사형을 당할 수도 있어요.

심지어 싱가포르에서는 법을 어기면 태형(회초리로 엉덩이를 때리는 벌)을 맞을 수도 있어요. 태형은 여성에게는 적용되지 않지만 16세부터 50세까지의 남성에게는 적용되는 형벌이에요. 성폭력, 강도, 불법 무기 소지 등의 범죄에는 반드시 태형을 집행한다고 해요.

싱가포르 사람들은 이런 법과 규범들을 잘 지켜야 범죄율도 낮고 환경도 깨끗하게 지킬 수 있다고 굳게 믿고 있어요. 한 가지 예로, 싱가포르에서 지갑을 잃어버리면 거의 대부분 찾을 수 있다고 해요. 물론 지갑 속의 돈도 고스란히 되찾을 수 있답니다.

게다가 거지에게도 세금을 걷기 위해 '거지 자격증'을 발급하는 나라예요. 정말로 법과 규범을 가장 중요하게 생각하는 나라답지요? 그럼, 싱가포르에는 어떤 에티켓이 있는지 알아볼까요?

약속 시간은 칼같이 지켜야

세계 많은 나라의 기본 예절 중 하나가 약속 시간을 잘 지키는 거예요. 그런데 싱가포르에서는 더더욱 약속을 잘 지켜야 해요. 싱가포르 사람들은 약속 시간에 늦는 것을 모욕적이고 무례한 행동으로 받아들이기 때문이에요.

법이나 규범을 철저하게 지키는 나라답게 시간을 지키는 것도 아주 철저하지요. 아무튼 싱가포르 사람들과 좋은 관계를 유지하려면 어떤 일이 있더라도 약속 시간만큼은 철저하게 지켜야 해요.

에티켓이라기보다는 규범

우리나라에서는 사소한 에티켓인데 싱가포르에서는 규범으로 정해진 것들이 많아요. 그래서 규범에 어긋나는 행동을 하면 벌금을 내거나 감옥에 가고, 불법 무기를 가지고 있거나 큰 범죄를 저질렀을 때는 태형을 당한 뒤 감옥에 가기도 해요.

태형은 조금 야만적인 형벌이긴 하지만 싱가포르 사람들은 오히려 그런 무시무시한 벌이 있어야 사람들이 법을 더 철저하게 지킨다고 생각해서 지금까지 없애지 않고 있어요. 싱가포르에서 꼭 지켜야 할 기본적인 규범 몇 가지만 알아볼게요.

첫째, 공공장소에서 침을 뱉으면 우리나라 돈으로 약 80만 원의 벌금을 내야 한다. 단, 두 번째 걸리면 두 배의 벌금을 내야 한다.

둘째, 무단 횡단할 경우, 약 40만 원의 벌금을 내야 한다.

셋째, 화장실을 사용하고 물을 내리지 않을 경우, 약 40만 원의 벌금을 내야 한다.

넷째, 쓰레기를 버릴 경우, 약 80만 원의 벌금을 내야 한다. 두 번째 걸릴 경우에는 공공장소를 청소해야 하고 벌금도 두 배로 낸다.

다섯째, 공공장소에서 담배를 피울 경우, 약 80만 원의 벌금을 내야 한다.

여섯째, 음주 운전을 할 경우에는 약 80만 원의 벌금을 내고 6개월 동안 감옥에서 지내야 한다.

음식에 따라 식사법도 다르다

싱가포르에는 여러 민족이 살고 있기 때문에 식사 예절도 매우 다양해요. 물론 우리나라에서도 음식에 따라서 각각 먹는 법이 다르긴 하지만 싱가포르에는 여러 민족이 살고 있어서 그에 맞는 예절을 더욱 신경 써서 지켜야 해요.

중국 음식은 젓가락을 사용해서 먹어야 하고, 말레이시아와 인도 음식은 오른손으로 집어 먹어야 해요. 왼손을 사용해서는 절대 안 돼요. 그 이유는 알고 있겠지요? 또 태국 음식과 인도네시아 음식을 먹을 때는 큰 숟가락과 포크를 사용해야 해요.

만약 싱가포르 사람에게 초대를 받았다면 초대한 사람이 어디 출신인지 알아 두는 게 좋아요. 만약 인도 출신이라면 오른손을 더 깨끗하게 씻고 가야겠지요? 그런데 인도 출신이라고 손님에게 다 인도 음식만 대접하는 것은 아니니까 음식에 맞는 다양한 식사 예절을 기본적으로 알고 가는 게 좋을 거예요.

꼼꼼 에티켓 노트

▶ 싱가포르에서는 공무원과 만날 경우, 사례금이나 선물을 주는 것은 금기 사항이에요.

▶ 싱가포르 사람들은 술, 담배를 좋아하지 않으므로 권하지 않는 것이 좋아요.

▶ 아주 친하지 않으면 선물은 오해할 수도 있기 때문에 하지 않는 것이 좋아요.

가장 많은 섬으로 이루어진 나라, 인도네시아

공식 명칭 인도네시아공화국
수도 자카르타
국토 1,910,931㎢ (대한민국 : 100,363㎢)
인구 273,500,000명
언어 인도네시아어
종교 이슬람교

전통 춤을 추는 인도네시아 소녀

인도네시아로 출발

　인도네시아는 1만 3,000여 개의 섬으로 이루어진 나라예요. 세계에서 가장 많은 섬을 가진 나라이지요. 또한 언어의 전시장이라고 할 만큼 다양한 언어를 사용하는 나라이기도 해요. 국어인 인도네시아어는 전 국민의 6분의 1 정도만 사용하고, 나머지는 종족마다 다른 언어를 사용하고 있어요. 얼마나 많은 종족이 있냐고요? 놀라지 마세요. 인도네시아에는 300여 종족이나 살고 있어요.

　이렇게 다양한 언어가 있고 다양한 종족이 함께 살다 보니 국가 차원에서 '다양성 속의 통일'이라는 표어를 만들어 사용할 정도랍니다. 그래서 각 종족의 전통과 문화를 인정하면서도 모두가 공유할 수 있는 새로운 문화를 창조하는 데 많은 힘을 쏟고 있지요.

　인도네시아는 지역에 따라 힌두교와 불교가 일찍 전파된 곳이

보로부두르 사원

이슬람교와 라마단

있지만, 13세기에 이슬람교가 전파되면서 지금은 국민의 80퍼센트가 이슬람교를 믿는 국가가 되었어요. 이슬람교를 믿는 사람들은 1년에 한 달 동안 '라마단'이라는 금식 기간을 가져요. 라마단은 원래 이슬람교도들이 사용하는 음력의 아홉 번째 달의 이름이에요. 예언자 무함마드가 신의 계시를 받은 달이 라마단이지요.

프람바난 사원

라마단 기간에는 일출 때부터 일몰 때까지 물도 한 모금 마시지 않아요. 음식을 먹지 않고 참으면서 인내심과 자제심을 키우고, 모든 인간이 평등하다는 마음가짐을 갖는 거예요. 라마단은 지구상에 기아로 허덕이는 사람들과 고통을 함께한다는 깊은 의미가 담겨 있는 행사이기도 해요.

인도네시아는 17세기부터 1941년까지 네덜란드의 지배를 받았고, 제2차 세계대전 때는 일본의 지배를 받았어요. 이 당시 일본인에게 많은 괴롭힘을 당해서 지금도 일본에 대한 감정은 그다지 좋지 않아요.

인도네시아 사람들은 온순한 편이지만 자존심이 강하고 체면을 중요하게 생각해요. 그 때문에 일부 지역에서는 아직도 민족 간이나 종교 간에 분쟁이 일어나고 있어요. 따라서 인도네시아를 여행할 때는 그런 문제들이 없는지 사전에 잘 알아보고 가야 해요. 그럼, 인도네시아에는 어떤 에티켓이 있는지 알아볼까요?

노출이 심한 옷은 안 돼

인도네시아는 적도 부근에 위치해 있기 때문에 기온이 굉장히 높아요. 후덥지근한 날씨 때문에 인도네시아 사람들이 옷을 시원하게 입고 다닐 거라고 생각하기 쉬운데, 그렇지가 않아요. 인도네시아 사람들은 옷차림에 대해 매우 보수적이랍니다. 그래서 노출이 심한 옷을 입으면 굉장히 무례하다고 생각해요.

반바지나 슬리퍼 차림으로 거리를 다니는 사람도 별로 없어요. 그런 차림으로 레스토랑이나 호텔 로비에 나타나면 많은 사람으로부터 눈총을 받을 수도 있기 때문에 인도네시아를 방문할 때는 특별히 옷차림에도 신경을 써야 해요.

인도네시아에서 대우를 잘 받으려면 어떻게 해야 할까요? 더운 나라지만 정장 차림을 해야 대우를 받을 수 있어요. 특히 관공서나 공항, 공공 기관을 방문할 때는 말끔한 정장 차림을 해야 대우를 받고, 업무도 빠르게 볼 수 있다고 해요. 하지만 관광지 같은 곳을 다닐 때는 가벼운 옷차림을 해도 되니까 정장이 없다고 크게 걱정할 필요는 없어요.

왼손은 불결한 손

일반적으로 왼손은 오른손에 비해 차별을 많이 받는다고 볼 수 있어요. 인도에서도 왼손은 불결하다고 차별을 받았는데, 인도네시아에서도 왼손은 찬밥 신세랍니다.

왼손은 불결하고 부정한 손이라고 생각하기 때문에 왼손으로 사람을 만지거나 손가락으로 가리키는 행위는 금기 사항이에요. 무의식중에 왼손으로 사람을 툭툭 치는 것도 매우 무례한 행동이지요. 특히, 왼손으로 사람을 가리키는 행동은 상대방을 모욕하는 행동이므로 특별히 주의해야 해요.

인도네시아 사람들도 왼손은 화장실에서만 사용해요. 따라서 다른 사람과 물건을 주고받을 때는 반드시 오른손을 사용해야 해요.

인도네시아 사람들은 전통 음식을 먹을 때 포크나 숟가락 대신 오른손으로 집어서 먹어요. 그러니까 왼손은 화장실이 아닌 이상 꼭꼭 숨겨 두는 게 좋아요. 아, 불쌍한 왼손이여!

돼지고기는 절대 금물

종교마다 특별히 가리는 음식들이 있어요. 불교에서는 전통적으로 고기를 먹지 않는 편이고, 인도 사람들이 믿는 힌두교에서는 소를 신성시하여 소고기를 먹지 않지요. 이슬람교 국가인 인도네시아에서는 돼지고기를 먹지 않아요.

그런데 힌두교를 믿는 사람들이 소고기를 먹지 않는 것과 이슬람교를 믿는 사람들이 돼지고기를 먹지 않는 것에는 약간의 차이가 있어요. 힌두교에서는 소를 신성시하여 먹지 않지만 이슬람교에서는 조금 다른 이유로 돼지고기를 먹지 않아요.

이슬람교도들이 돼지고기를 먹지 않는 데는 크게 두 가지 이유가 있어요. 하나는 종교적인 이유 때문이에요. 이슬람교에서는 죽은 동물의 고기, 피, 돼지고기는 나쁜 신들에게 바치는 제물로 구분하기 때문에 돼지고기를 먹지 않고 꺼리는 거예요.

다른 한 가지 이유는 기후 환경과 관련이 있어요. 보통 이슬람교를 믿는 지역은 사막과 초원인 곳이 많아서 농업보다는 목축업을 많이 하고 있어요. 그래서 풀을 먹고 자라는 소나 양, 염소 등을 많이 길렀어요. 하지만 돼지는 초원 지역에서 기르기에 좋은 동물이 아니었어요. 소, 양, 염소는 사람들이 먹지 않는 풀을 먹지만 돼지는 사람들이 먹는 과일, 열매, 곡식 등을 먹기 때문이에요. 사람이 먹을 음식도 부족한데 돼지를 키우려니 얼마나 힘들겠어요? 게다가 돼지는 젖도 나오지 않아서 사람들에게 아무런 도움도 주지 못했지요. 그래서 돼지는 인도네시아에서 불필요한 동물로 구분된 거랍니다.

인도네시아 사람과는 일상적인 대화에서도 돼지와 관련된 이야기는 하지 않는 것이 좋고, 돼지 모양의 선물도 피하는 것이 좋아요. 삼겹살을 좋아하는 친구들은 인도네시아에서 사는 것은 포기해야겠지요?

술과 담배는 NO

인도네시아 사람들은 술을 잘 마시지 않아요. 이슬람교 교리에 술을 먹지 말라고 기록되어 있기 때문이지요. 상대방에게 억지로 술을 권해서도 안 돼요. 특히 술에 취한 사람을 몹시 경멸하기 때문에 술을 마신 뒤에는 흐트러지지 않게 더욱 조심해야 해요.

흔히 우리나라 사람들은 술을 먹은 뒤 기분이 좋아지면 거리를 다니면서 소리를 지르거나 비틀거리는 경우가 많은데, 인도네시아에서는 절대 그런 모습을 볼 수 없어요.

또한 인도네시아 사람들은 담배도 거의 피우지 않아요. 그렇기 때문에 인도네시아에서는 담배를 피울 때도 장소나 주변 상황에 신경을 써야 해요. 인도네시아에서는 이것저것 신경 쓰고 조심해야 할 것도 참 많지요?

 **꼼꼼 에티켓 노트**

▶ 인도네시아에서는 대화 도중에 허리에 손을 얹으면 화가 난 것이라고 생각하기 때문에 삼가야 해요.

▶ 정치, 종교, 종족과 관련된 이야기는 하지 않는 것이 좋아요.

▶ 호텔에서 팁을 주는 것도 뇌물이 아닐까 의심할 만큼 민감하게 반응하므로, 오해를 살 만한 선물은 하지 않아요. 또 상대방을 잘 알기 전까지는 농담을 하지 않는 것이 좋아요.

아시아 유일의 가톨릭 나라, 필리핀

공식 명칭 필리핀공화국
수도 마닐라
국토 300,000㎢(대한민국 : 100,363㎢)
인구 109,580,000명
언어 영어, 필리핀어
종교 가톨릭

파오아이 교회

필리핀으로 출발

필리핀은 아시아에서 유일하게 가톨릭을 국교로 삼은 나라예요. 아시아 나라들이 대부분 불교나 이슬람교, 힌두교를 믿는 것과는 차이가 있지요. 필리핀이 가톨릭 국가가 된 것은 16세기부터 300여 년간 스페인의 식민지로 살았기 때문이에요.

필리핀은 15세기까지는 국가가 아닌 종족 형태였어요. 16세기 초 스페인 탐험가에게 발견되면서 서양에 처음 알려지게 되었고, 그 뒤 아시아로 진출한 스페인의 식민지가 되었어요. '필리핀'이라는 나라 이름은 스페인 국왕인 필립 2세의 이름에서 유래되었는데, 오늘날 영어식 이름으로 바뀌면서 '필리핀'이 된 거예요.

필리핀은 오랜 세월 스페인의 식민지로 있다가 다시 미국의 식

민지가 되었는데, 이런 서구 문화의 영향으로 독립한 뒤에는 아시아에서 가장 부유한 나라 중 하나였어요. 그 뒤 독재 정치와 부패가 이어지면서 경제가 바닥으로 떨어졌고, 빈부의 격차가 큰 나라가 되고 말았어요. 지금은 풍요로운 자연환경과 풍부한 천연자원을 바탕으로 점점 발전하고 있어요.

  필리핀 사람들은 가톨릭의 영향을 받아 낙천적인 성격이에요. 또 스페인의 혈통을 이어받아 내성적이면서도 밝고 뜨거운 열정을 지닌 민족이기도 해요. 또 필리핀은 영어를 공용어로 사용하기 때문에 다른 나라와의 교류에도 유리한 점이 많아요. 그럼, 필리핀에는 어떤 에티켓이 있는지 알아볼까요?

영어권 나라답게 인사는 악수

필리핀은 일찍부터 서양의 영향을 받은 까닭에 악수를 하면서 인사해요. 다만, 여성과 악수할 때는 주의할 점이 있어요. 남성은 여성이 악수를 청할 때까지 기다려야 해요. 아무리 반가워도 남성이 먼저 악수하자고 손을 내밀어서는 안 돼요.

필리핀 여성들은 아시아의 다른 나라들과 비교했을 때 남성과 가장 동등한 지위를 갖고 있어요. 따라서 여성과 악수할 때 예의를 지키는 것은 여성을 존중한다는 의미예요.

필리핀 가정을 방문했을 때는 나이 많은 연장자가 먼저 인사를 하는 것이 예의예요. 또 존경의 표시로 오른손을 이마에 대는 풍습도 있어요.

트림은 맛있게 먹었다는 표시

필리핀에서 초대를 받아 식사할 때에는 음식에 대해 칭찬하는 게 필수랍니다. 혹시 좋아하지 않는 음식을 권하더라도 예의상 거절하면 안 돼요. 음식은 개인 접시에 덜어서 먹는 것이 일반적인데, 지방이나 전통 식당 등에서는 손으로 집어 먹는 경우도 있어요. 당연히 이때는 오른손을 사용해야 해요.

　필리핀은 우리나라와는 달리 식사 후에 크게 트림을 해도 전혀 실례가 되지 않아요. 오히려 트림은 음식을 맛있게 잘 먹었다는 뜻이기 때문에 일부러라도 해 주는 것이 예의예요.

　또 한 가지, 필리핀에서는 음식을 다 먹지 말고 조금 남겨 두는 것이 예의예요. 식사 후 남은 음식을 다른 이웃과 나누거나 가축에게 주기 때문에 이러한 풍습이 생긴 거예요.

탁자를 두드리지 마

우리나라 사람들은 탁자를 앞에 두고 앉게 되면 무의식적으로 탁자를 두드리는 경우가 많아요. 무엇인가 골똘히 생각할 때도 한 손은 턱을 괴고, 다른 손으로 탁자를 두드리곤 하지요. 우리나라에서는 흔한 행동이지만 필리핀에서는 절대로 이런 행동을 해서는 안 돼요. 손가락으로 탁자를 두드리면 함께 있는 여성을 모욕하는 행동이라고 여기기 때문이에요.

또 소리를 지르는 것도 상대방을 모욕하는 것으로 여기기 때문에 삼가야 하는 행동이에요. 간혹 회의를 할 때 의견 충돌이 생기면 소리를 높이는 경우가 있는데, 필리핀에서는 그렇게 하면 모든 것이 엉망이 되니까 조심해야 해요.

필리핀 사람들에게 세 번 권유는 기본

필리핀 사람들에게 무언가를 권유할 때는 적어도 세 번은 권해야 해요. 대다수의 필리핀 사람들은 남이 무언가를 권유할 때 적어도 한두 번은 거절해야 한다고 배우기 때문이에요. 대신 세 번 정도 권하면 상대방이 진심으로 권한다고 생각해요. 처음에 거절했다고 다시 권유하지 않으면 필리핀 사람들이 오히려 섭섭하게 생각할 수도 있으니까 세 번 정도는 권유하는 게 좋아요.

반대의 경우도 있어요. 만약 필리핀 사람의 초대를 받았을 때는 이쪽에서도 한두 번은 거절하는 것이 예의예요. 처음부터 기다렸다는 듯이 바로 초대에 응하는 것은 실례가 될 수 있어요.

영어로 '스투피드Stupid'라는 말은 절대 금지

필리핀 사람들에게 '스투피드'라는 말을 해서는 안 돼요. 우리말로 '어리석은', '멍청한'이라는 뜻을 지닌 이 말은 영어권에서는 흔히 상대방에게 핀잔을 줄 때 쓰는 말이지만 필리핀 사람들은 그보다 몇 배나 모욕적인 말로 받아들이기 때문이에요. 스투피드라는 말은 스페인 식민 시절 많이 들었기 때문에 필리핀 사람들에게는 가장 모욕적인 말이 되었어요.

또 필리핀에서는 사람을 동물에 비유해서도 안 돼요. 우리나라에서도 나쁜 이미지를 가진 동물에 비유하면 기분이 상하는 사람들이 많은데, 필리핀에서는 사람을 동물에 비유하면 가장 큰 모욕으로 생각해요. 예를 들어 돼지, 원숭이를 닮았다는 말은 필리핀 사람들을 가장 화나게 하는 말이에요.

꼼꼼 에티켓 노트

▶ 우리나라에서 '좋다'는 뜻으로 사용하는 '오케이 사인(엄지와 검지를 동그랗게 모아 붙이는 것)'은 필리핀에서 돈을 의미해요. 필리핀에서 '좋다'는 의미의 사인은 엄지손가락을 위로 세우는 것(우리나라에서는 최고라는 뜻)이에요.

▶ 선물은 준 사람의 허락 없이 남들 앞에서 풀어 보면 안 돼요.

▶ 많은 사람 앞에서 실수를 공개적으로 지적해서는 안 돼요.

▶ 필리핀 사람들에게 시간 지키는 것을 강요해서는 안 돼요. 느긋한 성격을 지녔기 때문에 조금 늦는 것은 당연한 것으로 받아들이는 편이에요.

유대인의 나라, 이스라엘

공식 명칭 이스라엘국
수도 예루살렘
국토 20,770㎢(대한민국 : 100,363㎢)
인구 8,650,000명
언어 히브리어, 아랍어
종교 유대교

다윗 망대

이스라엘로 출발

이스라엘은 국민의 80퍼센트가 유대교를 믿는 유대교 국가지만 이슬람교와 기독교 등의 여러 종교가 함께 공존하고 있는 나라예요. 이스라엘의 수도인 예루살렘은 유대교와 이슬람교, 기독교의 성지가 모두 모여 있어서 해마다 많은 순례자가 찾는 곳이에요.

이스라엘은 성경에 등장하는 아브라함과 모세, 다윗의 나라예요. 다윗은 기원전 11세기에 예루살렘을 도읍으로 하여 이스라엘 왕국을 세운 왕인데, 이 다윗 왕이 죽고 난 뒤부터 고난의 역사가 시작됐어요. 다윗 왕이 죽은 뒤 이스라엘은 두 개의 왕국으로 분리되었다가 다른 나라의 침략으로 모두 멸망했어요. 그러다 이 땅을 로마가 점령하면서 이스라엘 민족(유대인)은 세계 각지로 흩어져 떠돌이 생활을 할 수밖에 없었어요. 유대인이 나라를 다시 건설하겠다고 생각한 것은 19세기 때예요. 하지만 옛 이스라엘 땅에는 이

이스라엘 성지 예루살렘

미 아랍 민족이 살고 있었기 때문에 다툼이 생길 수밖에 없었지요.

이런 와중에 제2차 세계대전이 터졌어요. 이 전쟁으로 유대인들은 히틀러가 이끄는 나치스에 의해 엄청난 희생을 당했어요. 하지만 세계대전이 끝난 뒤에는 세계 여러 나라의 지지를 얻었고, 잃어버린 땅을 되찾게 되었어요. 당시 유엔은 옛 이스라엘 땅을 두 지역(아랍과 이스라엘)으로 분리하기로 결정했고, 그 결과 이스라엘은 1948년에 마침내 나라를 다시 건국할 수 있었어요.

이스라엘은 오랫동안 세계 각지에 흩어져 살던 사람들이 돌아와 세운 나라예요. 그래서 여러 문화와 종교가 공존하고 있어요. 이스라엘 민족이 조화를 이루어 살 수 있는 것은 각자의 종교와 문화를 인정해 주기 때문이에요. 또한 모든 것을 종교의 가르침에 따라 행하기 때문에 특별한 갈등을 일으키지 않아요. 다만 안타까운 것은 이스라엘을 둘러싼 아랍 국가들(레바논, 시리아, 요르단, 이집트)과는 지금까지도 다툼이 늘 끊이지 않는다는 사실이에요. 그럼, 이스라엘에는 어떤 에티켓이 있는지 알아볼까요?

쉬는 날은 반드시 지킨다

유대인은 안식일을 철저히 지켜요. 안식일이란 일을 하지 않고 몸과 마음을 평온히 하면서 쉬는 날을 말해요. 기독교에서는 보통 일요일이 안식일이지만 유대교에서는 금요일 해가 질 때부터 토요일 해가 질 때까지가 안식일이에요. 참고로 이슬람교의 안식일은 금요일이에요.

이렇게 종교마다 안식일이 다르지만 이스라엘 국민은 조화롭게 잘 지키며 살아가고 있어요. 안식일에는 담배를 피우거나 술을 먹을 수 없어요. 또 유대인이 운영하는 상점이나 공공 기관, 대중교통도 이용할 수 없어요. 가정에서도 요리를 하지 않고, 심지어는 전기도 켜지 않는다고 해요.

이스라엘을 방문하는 사람들이 헛걸음하지 않으려면 그날이 안식일인지 아닌지를 잘 알고 가야 해요. 공공 기관이나 일반 회사를 방문하는 경우라면 먼저 그 회사가 어떤 종교를 믿는 곳인지 알아야 하고, 안식일이 언제인지 알아야 해요.

예를 들어, 유대교를 믿는 사람이 운영하는 회사라면 일요일에 방문해도 상관없고, 이슬람교를 믿는 사람이 운영하는 회사라면 토요일도 괜찮아요.

교회나 사원에 갈 때 짧은 옷은 안 돼

유대교의 교회나 이슬람교의 사원을 방문할 때는 옷차림에 신경을 써야 해요. 팔꿈치와 무릎을 가리는 옷을 입어야 하기 때문이지요. 가능하면 남성은 바지, 여성들은 긴치마나 바지를 입고 양말을 신어야 해요.

그런데 최근에는 약간의 변화가 생겼어요. 이스라엘 안에서도 전통적인 신앙과 의식을 철저하게 지키는 정통파 유대인이 있는 반면, 근대화가 되면서 상황에 따라 지키자는 개혁파 유대인이 등장했어요. 정통파 유대인은 한여름에도 엄숙함을 지키기 위해 검은 모자와 검은 외투, 검은 구두를 신고 다녀요. 한여름에 그런 옷을 입는다고 이들을 비웃거나 비난해서는 안 돼요. 모두 종교적 신념이 강해서 그런 것이니까요.

유대인의 특별한 음식 에티켓

유대인은 종교적 신념 때문에 먹는 음식도 많이 가리는 편이에요. 음식에도 정결한 음식, 부정한 음식이 있다는 거지요. 그래서 부정한 음식을 먹으면 영혼을 더럽힌다고 생각해요.

유대인은 아무 고기나 먹지 않아요. 고기 중에서는 발굽이 갈라지고 되새김질을 하는 동물만을 먹어요. 예를 들어, 소는 발굽이 갈라지고 되새김질을 하기 때문에 먹을 수 있지만 돼지는 되새김질을 하지 않기 때문에 먹을 수 없는 동물이에요. 이슬람교를 믿는 사람들과는 전혀 다른 이유에서 돼지고기를 먹지 않지만, 어쨌든 삼겹살의 맛을 모르는 사람들이지요.

생선은 지느러미와 비늘이 모두 있어야 먹을 수 있어요. 그래서 비늘이 없는 미꾸라지, 지느러미와 비늘이 없는 낙지, 오징어 등은 먹을 수 없어요. 같은 이유로 조개와 해조류도 먹을 수 없는 음식으로 구분해요.

　무엇보다 철저하게 지키는 것은 고기와 우유를 가공하여 만든 식품(버터, 치즈, 분유 등)은 함께 먹지 않는다는 거예요. 쉽게 말해 이스라엘의 햄버거 전문점에는 치즈버거가 없어요. 물론 고기와 치즈를 따로 먹을 수는 있어요. 단, 각각 여섯 시간 정도의 시간 차이를 두고 먹어야 해요. 또 저절로 죽은 동물이나 싸우다 죽은 동

코셔 인증 마크

이스라엘 대표 음식

물도 먹지 않고, 고기는 피를 완전히 제거한 다음에 먹을 수 있어요. 우리나라에서 어른들이 즐겨 먹는 선지해장국 같은 음식은 절대 먹을 수가 없답니다.

이스라엘 사람을 식사에 초대할 때는 이런 풍습을 잘 알고 음식을 준비해야겠지요? 가리는 음식들이 많아서 음식을 차리기도 쉽지는 않을 거예요.

그런데 선진국에서는 유대인들이 종교적 가르침에 따라 만든 '코셔' 식품이 인기라고 해요. 코셔는 '정결한, 적법한'이라는 뜻이에요. 유대인들은 종교적으로 가려 먹는 음식이 많기 때문에 재료나 조리 시설, 조리 과정까지 검사관으로부터 합격점을 받은 식품만을 분류해서 '코셔 인증 마크'를 붙인다고 해요. 선진국에서 코셔 식품이 인기를 끄는 이유는 엄격한 종교적 가르침에 따라 만든 식품이기 때문에 더 위생적이고 건강에도 유익할 것이라고 여기기 때문이에요. 그래서 코셔 인증 마크가 붙어 있으면 일반 식품보다 훨씬 비싼 값을 주고도 산다고 해요.

 꼼꼼 에티켓 노트

▶ 이스라엘 사람들은 마음이 담기지 않는 인사는 경멸해요. 따라서 예의상 하는 겉치레 인사는 삼가는 것이 좋아요.

▶ 여성, 전쟁, 종교 이야기는 하지 않는 것이 좋아요.

▶ 이스라엘 사람의 집에 초대를 받아 갈 때는 꽃이나 사탕을 선물하는 것이 좋아요.

페르시아제국의 나라, 이란

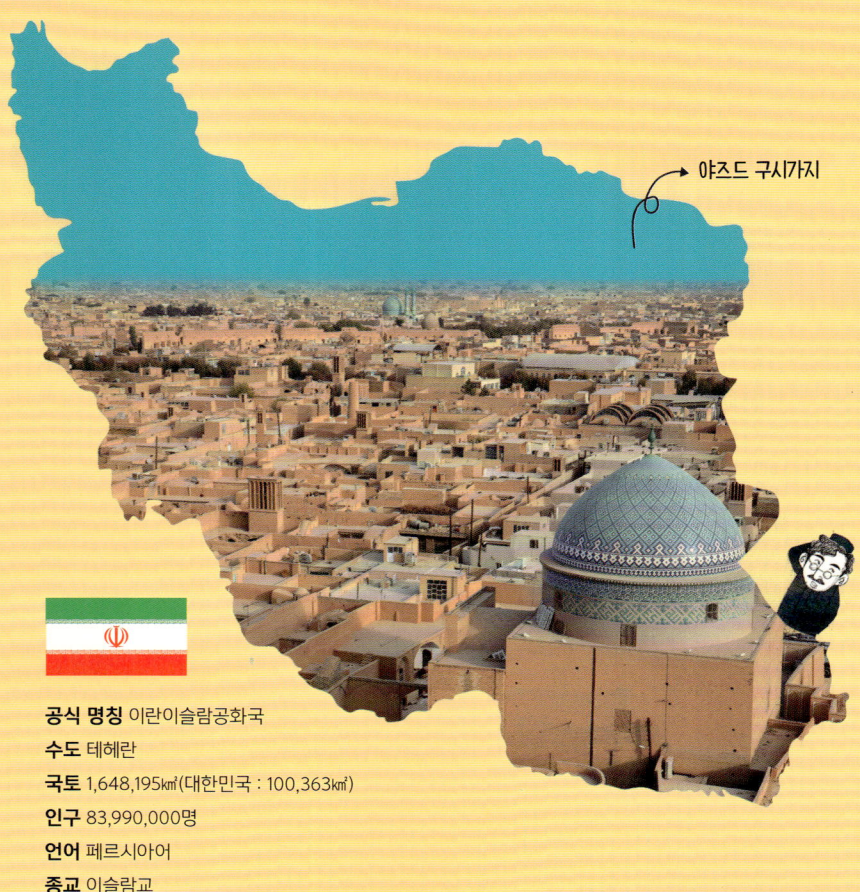

야즈드 구시가지

공식 명칭 이란이슬람공화국
수도 테헤란
국토 1,648,195㎢(대한민국 : 100,363㎢)
인구 83,990,000명
언어 페르시아어
종교 이슬람교

이란으로 출발

페르시아는 기원전 6세기경 지금의 이란 지역에 대제국을 건설했던 나라예요. 지금도 이란에 가면 그때의 유적이 많이 남아 있어요. '이란'이라는 나라 이름은 1935년부터 사용했고, 그전에는 페르시아라고 불렀어요.

이란은 전 국민의 98퍼센트가 이슬람교를 믿는 이슬람교 국가예요. 이란의 땅은 평균 높이가 400미터가 넘는 고원지대이고, 대부분이 산들로 둘러싸여 있어요. 그나마 대부분의 땅이 사막과 황무지라서 전 국토의 10퍼센트 정도만 농사를 지을 수 있어요.

이렇게 쓸모없는 땅이 많은 곳이지만 이란은 다른 나라들보다 비교적 풍족한 생활을 하고 있어요. 바로 석유 덕분이에요. 이란은 세계에서 다섯 번째로 석유가 많이 나는 나라예요. 세계 석유 매장량의 10퍼센트가 땅 밑에 묻혀 있어요. 석유가 없었다면 이란은 아마도 세계

에서 가장 가난한 나라 중 하나였을지도 몰라요.

이란은 7세기경부터 왕이 다스렸지만, 1979년 이슬람 혁명으로 왕조가 무너진 뒤 대통령이 다스리는 공화국으로 바뀌었어요. 하지만 이슬람교가 정치, 경제, 사회, 문화의 모든 부분을 통제하고 있기 때문에 최고 권력자는 대통령이 아니라 이슬람교의 종교 지도자예요.

이란 사람들은 대체로 성격이 온순하고, 여러 사람과 대화하고 토론하는 것을 즐기는 편이에요. 이슬람교도들이 자주 사용하는 '인샬라(신이 뜻하는 대로)'라는 말처럼, 모든 일을 신에게 맡기고 느긋하게 행동해요. 그래서인지 어떤 것 한 가지를 결정하는 데만도 상당한 시간이 걸린다고 해요.

이슬람 국가답게 이란 여성들은 '히잡'이나 '차도르'로 몸을 가리고 다녀야 해요. 이슬람 여성들이 히잡이나 차도르를 착용하는 이유는 이슬람 교리 때문이에요. 이슬람 교리에서는 여성의 머리카락, 목, 가슴을 부끄러운 부분으로 여기기

차도르로 몸을 가린 이란 여성

때문에 완전히 가리도록 규정하고 있어요.

히잡은 이슬람어로 '가리다'라는 뜻인데, 몸을 가리는 옷을 모두 이르는 말이지만 좁은 의미로는 머리와 목 부분을 가리는 스카프를 의미해요. 반면에 차도르는 얼굴 부분을 제외하고 몸 전체를 가리는 검은색 옷이에요. 현대에 와서 이란의 젊은 여성들은 온몸을 감싸는 거추장스러운 차도르 대신 머리만 살짝 가리는 '롯싸리'라는 스카프를 많이 사용한다고 해요. 롯싸리를 착용할 때는 망토로 엉덩이 부분을 꼭 가려야 한대요. 그럼, 이란에는 어떤 에티켓이 있는지 알아볼까요?

왼뺨, 오른뺨, 왼뺨, 이란의 특별한 인사

이란에서는 특별한 격식은 없지만 친한 사이에는 왼뺨, 오른뺨, 왼뺨의 순서로 볼을 맞대며 인사하는 풍습이 있어요. 왼뺨을 두 번이나 맞댄다는 게 좀 특별하지요.

인사할 때 순서를 반대로 하면 안 되니까 항상 왼뺨이 먼저라는 걸 기억해야 해요. 하지만 이런 인사법은 친한 사이에서만 하는 인사예요. 처음 만난 자리에서 볼 인사를 시도하는 것은 오히려 예의에 벗어난 행동이 될 수도 있으니까 조심해야 해요.

눈을 마주치면 안 돼

학교에서 선생님이 말씀하실 때 다른 곳을 보고 있다가 혼나 본 친구들이 있을 거예요. 그럴 때마다 선생님은 다른 곳 보지 말고 선생님 눈을 똑바로 쳐다보라고 말씀하지요. 집중하라는 뜻으로 말이에요. 눈을 서로 마주친다는 것은 연인 사이에서는 관심이 있다는 표시이고, 이야기를 나눌 때는 상대방 이야기에 집중하고 있다는 뜻이지요.

그런데 이란에서는 길에서 만날 때 서로 눈을 마주치지 말아야 해요. 특히 다른 종족들을 만났을 때는 일부러 눈길을 피하는 것이 에티켓이에요. 눈을 똑바로 쳐다보다가 자칫 감정적으로 얽혀 큰 종족 싸움이 일어날 수도 있어요.

옷도 마음대로 못 입어

이란에서는 특이하게도 여름이 시작되기 전에 복장 단속을 한다고 해요. 남성들도 반소매나 반바지를 입을 수는 없고, 색깔도 빨강, 노랑, 파랑 등 원색에 가까운 옷은 입지 말아야 해요. 여성들은 얼굴과 손을 제외한 모든 부분을 가려야 하고, 반소매나 몸매가 드러나는 청바지도 입을 수 없어요. 대신 '히잡'이라는 스카프를 써야 하고, 몸 전체를 덮는 망토인 '차도르'를 걸쳐야 한답니다. 여성의 입장에서는 많이 답답하고 힘들겠지요? 외국 관광객도 거리를 다니려면 최소한 스카프로 머리는 가려야 해요.

하지만 요즘은 서양 문화의 영향을 받아 여성들의 옷차림에도 조금씩 변화가 생기고 있어요. 유일하게 드러낼 수 있는 얼굴 부위

에 짙은 화장을 하거나, 히잡을 조금 뒤로 젖혀 앞머리를 노출하는 경우도 많아요.

이란에만 있는 또 한 가지 특별한 규정이 있어요. 1979년 이슬람 혁명 이후, 이란 정부는 남성들의 넥타이 착용을 금지시켰어요. 서양 문화를 상징하는 넥타이는 이슬람교와는 맞지 않는다고 해서 만든 규정이에요. 그래서 이란에서는 외국인들도 관공서를 드나들 때 넥타이를 풀어야 해요.

이란의 수도 테헤란 같은 도시에서는 이런 옷차림을 한 사람들을 어디서나 볼 수 있어요. 하지만 테헤란은 낮과 밤이 많이 다른 곳이에요. 낮에는 남녀 간에 구분이 엄격해 한자리에 앉거나 대화를 나누기도 힘들어요. 버스를 탈 때도 남편은 앞에, 아내는 여성 전용 좌석에 앉아야 해요. 또 모든 공공장소도 남녀 출입구가 따로 만들어져 있어요. 남녀가 부딪칠 일을 최대한 줄이기 위해서지요.

이런 경우에는 데이트하기도 힘들겠지요? 그래서 테헤란에서 가장 인기가 높은 데이트 장소는 극장이라고 해요. 극장은 가족 관객을 위해 남녀가 같이 앉을 수 있도록 자리를 만들어 놓았거든요. 하지만 밤에는 극장이 아니더라도 남녀가 같은 자리에 앉아서 이야기를 나누거나 데이트하는 모습을 종종 볼 수 있어요.

 **꼼꼼 에티켓 노트**

▶ 이란은 이슬람 국가라서 술을 가지고 들어갈 수 없어요.

▶ 이란에는 이슬람교 외에 다른 종교가 있긴 하지만 종교의 자유는 거의 없어요. 따라서 이란에서 선교 활동을 할 때에는 주의해야 해요.

▶ 이란에서는 건강에 좋다는 이유로 남성들도 앉아서 소변을 보도록 규정하고 있어요. 남자 화장실에도 서서 볼일을 보는 소변기가 없지요.

이슬람교와 석유의 나라, 사우디아라비아

공식 명칭 사우디아라비아왕국
수도 리야드
국토 2,149,690㎢(대한민국 : 100,363㎢)
인구 34,810,000명
언어 아랍어
종교 이슬람교

사우디아라비아 리야드 사막의 바위산

사우디아라비아로 출발

사우디아라비아는 전 국민이 이슬람교를 믿는 이슬람교 국가이고, 왕이 직접 통치하는 나라예요. 또한 아시아에서 가장 부유한 나라 중 하나예요. 바로 석유 덕분이지요. 사우디아라비아에 있는 석유는 세계 매장량의 4분의 1을 차지해요.

사우디아라비아의 국토는 우리나라보다 20배 정도 크지만 대부분의 땅이 사막이기 때문에 농사를 지을 수 있는 땅은 얼마 되지 않아요. 대신 석유가 있으니 걱정할 게 없어요.

주요 운송 수단인 낙타

사우디아라비아는 이슬람교의 발상지예요. 그래서 다른 종교는 인정하지 않아요. 이 나라에서는 이슬람교의 관습이 헌법이나 마찬가지예요. 외국인이라 하더라도 사우디아라비아에 가면 이슬람교의 관습과 규범을 반드시 지켜야 해요. 특히 여성에 대한 금기 사항이 많은 나라이므로 여성 관광객들은 행동 하나하나에 더욱 신경을 써야 한답니다. 그럼, 사우디아라비아에는 어떤 에티켓이 있는지 알아볼까요?

인사는 간단하게 악수로

사우디아라비아 사람들은 자신들이 믿는 신 이외에는 고개를 숙이지 않아요. 그래서 다른 사람을 만나면 간단하게 악수를 해요. 이때 오른손을 왼쪽 가슴에 얹으면서 친밀감을 표시하기도 해요.

이슬람교를 믿는 사람들은 대부분 왼손을 부정하게 생각하기 때문에 반드시 오른손을 사용해야 해요. 악수도 오른손으로 하고, 물건을 건네거나 식사할 때에도 반드시 오른손을 사용하지요. 또한 상대방보다 길게 인사하는 것을 미덕이라고 생각하므로 조금 길게 인사를 해도 받아 주는 것이 예의랍니다.

음식이 뜨겁다고 후후 불어서는 안 돼

우리나라에서는 식사 전에 손을 씻지 않는 경우도 있지만 사우디아라비아에서는 반드시 손을 씻어야 해요. 그리고 손님을 초대했을 때는 음식을 미리 식탁에 내놓아야 해요. 식사 전에는 '비스밀라(알라의 이름으로)'라고 말해요. 그렇지 않으면 사탄이 같이 자리한다고 믿기 때문이에요.

이슬람교를 믿는 사람들이 모두 그렇듯이 식사는 반드시 오른손으로 해요. 특히 사우디아라비아에서는 사탄이 왼손으로 식사한

다고 생각하니까 왼손잡이들은 주의를 해야 한답니다. 또 싫어하는 음식이 있더라도 남기지 말고 먹는 것이 예의예요.

한 가지 조심해야 할 점은 음식이 뜨겁다고 입으로 불어 식히는 행동을 해서는 안 돼요. 우리나라에서는 맛있는 음식은 뜨거워도 후후 불어 가면서 먹는 것이 큰 즐거움인데, 사우디아라비아에서는 크게 실례되는 행동이에요.

차는 홀수로 마셔야 해

사우디아라비아에서는 손님에게 차를 대접하는 풍습이 있어요. 이 나라의 차는 '가흐와'라고 하는데, 일종의 커피와 비슷해요. 가흐와를 대접할 때는 반드시 컵에 반만 따라 주고, 손님은 여러 번 청해서 가흐와를 마셔요.

그런데 한 가지 주의할 점이 있어요. 가흐와를 마실 때는 반드시 홀수의 잔을 마셔야 해요. 두 잔을 마셨다면 반드시 한 잔 더 청해서 세 잔을 마시는 것이 예의예요. 또 다 마셨을 경우에는 빈 잔을 옆으로 흔들어 주면 되는데, 적당히 마셨다는 뜻이에요.

가흐와를 대접받았는데 첫 잔을 거부하는 것은 굉장히 무례한 행동이에요. 주인을 모욕하는 것으로 생각하기 때문이지요. 사우디아라비아에서 가흐와를 대접하는 것은 상대방에 대한 존경의 표시인데, 차를 싫어한다고 해서 사양한다면 주인에 대한 예의가 아니에요.

여성에게 엄격한 에티켓

사우디아라비아는 여성에게 굉장히 엄격한 나라라고 할 수 있어요. 식사에 초대를 받더라도 여성은 갈 수 없어요. 손님을 집으로 초대했을 경우에도 주인의 아내나 딸들은 다른 곳에서 따로 식사를 해야 해요. 손님으로 갔을 때는 식사가 끝나면 바로 그 집을 나오는 것이 예의예요. 가족이 아닌 남녀가 같은 자리에 있는 것 자체를 허락하지 않기 때문이지요.

여성들은 외출할 때 몸 전체를 가리는 '아바야(머리에서 발끝까지 감싸는 검은 천)'를 착용해야 하고, 혼자 거리를 걸어 다닐 수 없고, 운전도 할 수가 없어요. 식당을 가더라도 가족 좌석이 별도로 마련되어 있지 않으면 들어갈 수 없어요. 버스를 타더라도 혼자

아바야를 착용한 뒤 외출한 여성

서 이용하는 경우는 없고, 버스 뒤편에 별도로 마련된 여성 전용 좌석에 앉아야 해요.

또 가족의 안부를 묻더라도 아내나 딸, 어머니의 안부를 묻는 것은 금기 사항이에요. 사우디아라비아는 그만큼 남녀의 구별이 심하고, 여성에게 더 엄격한 규율을 요구하는 사회예요.

꼼꼼 에티켓 노트

▶ 사우디아라비아에서는 외국인도 술을 먹어서는 안 되고, 외출할 때 여성은 아바야를 꼭 착용해야 해요.

▶ 어른 앞에서 다리를 꼬거나, 발바닥이나 발끝을 상대에게 보이는 행동은 무례하다고 생각해요.

▶ 어떤 물건을 오래 쳐다보며 관심을 보이면 선물로 받고 싶어 하는 줄로 알기 때문에 주의해야 해요.

▶ 옷에 소변을 흘리면 지옥의 벌을 받는다고 하지요.

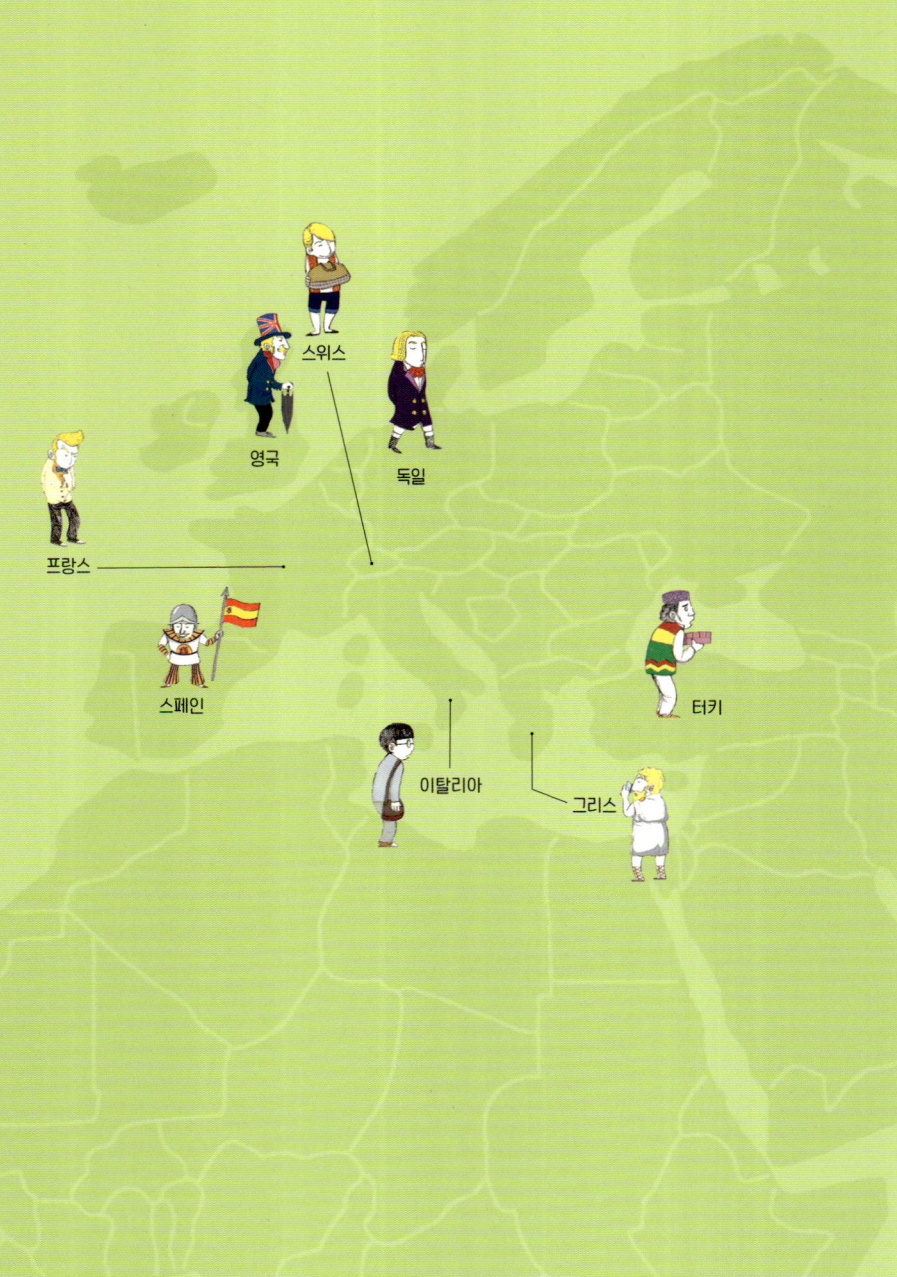

 러시아

제2장
유럽으로 출발!

신사의 나라, 영국

공식 명칭 그레이트브리튼 및 북아일랜드 연합 왕국
수도 런던
국토 243,610㎢ (대한민국 : 100,363㎢)
인구 67,880,000명
언어 영어
종교 성공회, 개신교, 가톨릭

타워브리지

영국으로 출발

흔히 영국을 '신사의 나라'라고 불러요. 그만큼 영국 사람은 예절과 전통을 잘 지키면서 살아가는 민족이라는 의미지요.

또 영국을 '해가 지지 않는 나라'라고도 해요. 과거에 세계 60여 지역에 식민지를 두었던 나라이기 때문이지요. 그 많던 식민지들이 지금은 대부분 독립해 나라를 이루었지만, 아직까지 '영국 연방'이라고 하여 영국의 제도와 관습을 따르는 나라들이 여러 곳 있어요. 비록 국토는 크지 않지만 그 영향력은 여전히 크다고 할 수 있지요.

영국의 정식 명칭은 매우 길어요. '그레이트브리튼 및 북아일랜드 연합 왕국'이 정식 명칭이에요. 영국의 국가 명칭이 이렇게 긴 이유는 잉글랜드, 스코틀랜드, 웨일스, 북아일랜드 이 네 지역이 정

영국 근위병

치적으로 연합해 한 국가를 이루었기 때문이에요. 이들 네 개의 지역은 정치·군사적으로는 통합되었지만 다른 부분에서는 각각 독립적으로 운영되고 있어요. 월드컵 경기도 각각 다른 나라로 출전하고 있지요.

영국은 그 영향력만 보면 대단히 큰 나라인 것 같지만 국토는 우리나라의 2.5배 정도밖에 안 돼요. 영국 국민들은 신사의 나라답게 대체로 성격이 온화하고 느긋해요.

또 영국은 변덕스러운 날씨로도 매우 유명해요. 흔히 영국 신사라고 하면 우산을 들고 있는 모습을 많이 떠올리는데, 그것은 영국 날씨가 하루 동안에도 사계절의 날씨를 모두 볼 수 있을 정도로 변화무쌍하기 때문이에요. 아침에는 해가 떴다가도 오후에는 주룩주룩 비가 쏟아지는 날이 많으므로 외출할 때는 우산을 꼭 챙겨야 해요. 그럼, 영국에는 어떤 에티켓이 있는지 알아볼까요?

영국 사람들은 악수를 썩 좋아하지 않아

영국 사람들은 신사의 나라답게 만나면 정중히 악수를 할 것 같지만, 오랜만에 만나거나 처음 만난 자리가 아니면 악수하는 것을 썩 좋아하지 않아요. 또 여성이 악수를 먼저 청하지 않는 이상 신체적인 접촉을 꺼리는 경향이 있어요.

　이러한 태도는 영국의 국민성과 연관이 있어요. 영국 사람들은 다른 서양 사람들에 비해 첫인상이 차가워요. 그리고 이웃 간에도 잘 사귀지 않고 다른 사람에게 그다지 관심을 두지 않는 편이에요. 이런 성격이 인사 습관에도 영향을 준 것이라고 볼 수 있어요. 악수는 상대방에 대한 관심과 친근감을 표시하는 것인데, 다른 사람

에 대해 그다지 관심을 갖지 않는 성격이라 인사도 적극적이지 않은 거지요.

하지만 영국 사람들도 어느 정도 친분이 쌓이면 따뜻함과 인자함을 보인다고 하니까 조금 시간을 두고 관계를 맺는 것이 좋아요. 또한 영국 사람들에게는 개인적인 질문은 되도록 하지 않는 게 좋아요. 예를 들어 '키는 몇이에요?', '몸무게가 어떻게 되나요?', '가족 관계는 어떻게 되나요?', '한 달 수입은 얼마나 되나요?' 등은 상당히 실례되는 질문이에요. 우리나라는 어느 정도 친해지면 이것저것 개인적인 관심을 갖는 것이 예의일 수 있지만, 영국에서는 오히려 불편하고 껄끄러운 관계가 될 수 있으니까 주의해야 해요.

식사할 때 소리는 NO, 코를 푸는 것은 OK

영국에서는 음식을 먹을 때 소리를 내서는 안 돼요. 아무리 맛있는 음식을 먹더라도 입을 다물고 먹어야 해요. 또 식사 도중 대화할 때에는 음식물을 다 삼킨 다음에 말을 해야 한답니다. 이건 우리나라도 마찬가지예요. 입안에 음식물이 있는 채로 말을 하면 음식물이 보일 수도 있고 튀어나올 수도 있으니까 아주 실례되는 행동이에요.

또 한 가지 식사할 때 중요한 예의가 있어요. 간혹 음식이 큰 그릇에 나오는 경우가 있는데, 이때 자기 그릇에 덜어 먹기 위해 몸을 일으키면서 상대방에게 피해를 주면 안 돼요. 이때에는 상대방에게 그릇을 건네 달라고 해서 덜어 먹는 것이 예의예요. 상대방의 식사 자리를 침범해서는 안 되기 때문이지요.

약간 우스운 에티켓도 한 가지 있어요. 영국에서 식사 중에 코를 푸는 행위는 큰 문제가 되지 않아요. 우리나라에서는 굉장히 실례되는 행동인데, 신사의 나라 영국에서는 오히려 크게 예의에 벗어나는 행동은 아니에요. 그런데 코를 훌쩍거리는 것은 무례한 행동이라고 해요. 훌쩍거리면서 계속 신경을 쓰게 하는 것보다 아예 한 번에 풀어 버리는 것을 더 낫다고 보기 때문이지요.

기다리는 자에게 복이 온다

영국에서 생활하려면 줄을 서고 기다리는 것에 익숙해져야 해요. 영국 사람 두 명 이상이 모이면 반드시 줄을 선다고 할 정도로 모두가 줄 서기에 익숙하기 때문이지요. 은행이나 지하철, 상점 등 어디를 가든 줄을 서라는 표시가 있고, 줄을 서라는 표시가 없어도 알아서 줄을 서는 편이에요. 그래서 영국 사람들은 자기 순서가 아니면 먼저 서비스를 받는 일도 없고, 또 다른 사람에게 양보하는 일도 잘 없어요.

　누군가 영국 사람들이 줄 서는 시간을 통계로 낸 적이 있는데, 영국 사람들이 평생 줄 서는 데 보내는 시간만 무려 13년이 넘는다고 해요.

　우리나라는 이러한 한 줄 서기가 과거에는 잘 이루어지지 않았어요. 만약 은행 창구가 네 개라면 창구마다 줄을 서서 순서를 기다리곤 했지요. 그러다 보니 눈치 빠른 사람이 오히려 유리한 경우

도 많았어요. 또 늦게 온 사람이 먼저 업무를 보는 경우도 있었지요. 서로 새치기를 하거나 큰 소리로 불평을 쏟아 내며 싸우는 일도 종종 있었어요.

하지만 영국에서는 일찍부터 창구에서 조금 떨어진 곳에 한 줄로 서 있다가 한 사람씩 빈 창구로 들어가서 업무를 보는 일이 관습처럼 잘 지켜져 왔어요. 우리나라도 요즘은 한 줄 서기가 잘 이루어지고 있어요.

절대로 침을 뱉지 마라

영국에서는 길거리에 절대로 침을 뱉어서는 안 돼요. 예전 우리나라 사람들은 길을 가다가도 쉽게 침을 뱉곤 했어요. 더러운 것을 보았을 때도 침을 뱉고, 습관적으로 침을 뱉는 사람도 많았지요. 이런 사람들은 영국에 가면 특별히 조심해야 해요.

커피숍 같은 곳에서도 침을 뱉는 사람들은 조심해야 해요. 흔히 담배를 피우는 사람들은 커피숍에서 재떨이에 침을 뱉는 경우가 많아요. 그런데 영국에서 그런 행동을 하면 재떨이가 가득 차 있어도 바꿔 주지 않는다고 하니까 특별히 주의해야 한답니다.

자신을 소개할 때 '미스터 Mr.'는 붙이지 않아

영국에서 남성들은 상대방에게 자기를 소개할 때 '미스터'를 빼고 성이나 이름 전체를 말해야 해요. 예를 들어 'Kim'이나 'Kim Dong Moon'이라고 소개하는 거지요. 하지만 여성은 이와는 반대로 성 앞에 '미스 Miss' 또는 '미시즈 Mrs.'를 붙여 소개하는 것이 예의라고 해요.

'레이디 퍼스트'가 언제나 기본

'레이디 퍼스트'라는 말을 많이 들어 보았을 거예요. 영어를 모르는 사람이라도 이 말의 뜻은 쉽게 알 정도로 지금은 널리 알려진 말이지요. 영국은 이 '레이디 퍼스트'가 기본적으로 지켜지고 있는 나라예요.

영국 남성들은 문을 열고 들어설 때 항상 여성들을 위해 문을 잡아 준다고 해요. 또 남성들은 여성을 존중한다는 의미에서 여성이 실내에 들어왔을 때 모두 자리에서 일어난다고 해요. 남녀 차별이 있는 나라에 사는 여성들이라면 많이 부러워할 만한 전통이지요.

 꼼꼼 에티켓 노트

▶ 영국 사람들은 복장에 대한 전통을 중시하는 나라이므로 오페라, 연주회 같은 곳에 갈 때는 반드시 정장을 입어야 해요.

▶ 소리 내어 웃는 것은 신사가 아니라고 생각해요.

▶ 주머니에 손을 넣고 이야기하는 것은 실례되는 행동이에요.

▶ 왕실에 대한 험담을 해서는 안 돼요.

▶ 애완견을 학대하는 행동을 해서는 안 돼요.

예술과 문화의 나라, 프랑스

공식 명칭 프랑스공화국
수도 파리
국토 643,427㎢(대한민국 : 100,363㎢)
인구 65,270,000명
언어 프랑스어
종교 가톨릭

개선문

프랑스로 출발

프랑스는 마음을 사로잡을 수 있는 충분한 매력을 지닌 나라이기 때문에 많은 사람이 마음으로 동경하는 나라 중 하나예요.

프랑스는 위치상 더할 나위 없이 좋은 자연환경을 가지고 있는데, 온화한 기후와 아름다운 풍경, 개성 넘치는 패션과 다양한 요리, 독특한 예술과 문화를 자랑하고 있어요. 이렇듯 사람들이 좋아할 만한 모든 요소를 두루 갖춘 곳이 바로 프랑스랍니다.

또 프랑스는 에티켓이라는 말을 처음 사용한 나라답게 지켜야 할 예절이 많은 나라이기도 해요. 프랑스 사람들은 상대방에게 피해를 주지 않으려고 개인이 지켜야 할 사회 규범과 예절을 더 철저히 지키고 있어요. 스스로 규범과 예절을 지키면서 상대방을 배려하는 행동이라고 할 수 있지요.

몽생미셸섬

에펠탑

프랑스는 여러 나라와 국경을 맞대고 있는데, 15세기경 영국과의 '백년전쟁'을 끝내고 지금과 같은 영토를 갖게 되었어요. 서유럽 나라들 중에서는 가장 넓은 땅을 차지하고 있고, 국토의 80퍼센트가 평야 지대이기 때문에 농업이 크게 발달했어요.

프랑스 사람들은 전통을 소중히 여기고, 기사도 정신이 투철해요. 또 거리에서 같은 색상의 옷을 입은 사람들이 거의 없을 정도로 자기만의 개성을 추구해요.

특히 프랑스의 수도인 파리는 전 세계 문화와 예술의 중심지라고 할 수 있어요. 수많은 예술가들이 이곳에 모여 그들만의 문화와 예술을 창조하고 꽃피웠기 때문이에요. 이런 프랑스의 문화를 피부로 생생하게 느끼고 싶어 지금도 해마다 많은 사람이 프랑스를 방문하고 있어요. 프랑스는 세계에서 가장 많은 관광객이 방문하는 나라 중 하나랍니다. 그럼, 프랑스에는 어떤 에티켓이 있는지 알아볼까요?

노트르담대성당

생미셸 광장 분수대에 있는 청동상

하루 세 번 만나도 악수를 해

프랑스 사람들은 악수가 생활화되어 있어요. 아마 세계에서 가장 악수를 많이 할 거예요. 프랑스 사람들은 만나면 악수를 하고, 헤어질 때도 악수를 해요. 만약 하루에 두 번이나 세 번 만나면 어떻게 할까요? 당연히 그때마다 악수를 한답니다.

자주 악수를 하다 보니 악수하는 방법도 아주 간단해요. 대개는 가볍고 빠르게 악수를 해요. 스페인 사람들처럼 힘을 주어 강하게 하는 악수가 아니에요. 프랑스에서는 손에 힘을 주어 강하게 하면 오히려 실례라고 생각해요.

보통 악수할 때에는 사회적으로 지위가 높은 사람이 먼저 손을 내밀어 악수를 해요. 남녀 간에는 여성이 먼저 손을 내밀지만, 만약 상대 남성의 사회적 지위가 더 높을 때는 예외로 남성이 악수를 먼저 청하기도 해요.

이렇듯 악수가 생활화되어 있지만 친한 사이일 경우에는 악수 대신 양 볼에 키스를 하는 풍습이 있어

요. 지역에 따라서는 양 볼에 키스하는 것을 한 번 더 반복하는 경우도 있어요. 그러니까 볼에 총 네 번 키스를 하는 셈이지요.

하지만 양 볼에 키스하는 인사는 친한 사이에서만 가능하니까 일단 프랑스 사람들을 만나면 가볍게 악수를 하면 돼요. 단, 손에 힘은 빼고 간단히!

초대를 받으면 선물 준비는 필수

프랑스 사람은 시간관념이 정확하지 않아요. 심지어 약속한 장소에 조금 늦게 도착해야 한다고 생각해요.

저녁 초대를 받아 남의 집을 방문할 때도 마찬가지예요. 프랑스 사람들이 집으로 초대하는 것은 아주 특별한 경우예요. 초대 받는 사람 입장에서는 대단한 영광이지요. 이렇게 저녁 식사 자리에 초대를 받았을 때는 10분 정도 늦게 도착하는 것이 예의예요.

또 집으로 초대를 받았을 경우에 특별히 다른 말이 없으면 부부가 함께 가는 것이 기본이에요. 이때 초대를 받은 사람은 부담이 되지 않을 정도의 선물을 준비하는 것이 좋은데, 꽃이나 초콜릿 같은 것이 좋아요.

꽃을 선물할 때에는 한 가지 주의해야 할 점이 있어요. 죽음을

의미하는 국화는 피하고, 연인에게 선물하는 붉은 장미도 가급적이면 피하는 것이 좋아요.

　마지막으로 초대 받은 사람이 해야 할 중요한 일이 한 가지 있어요. 다음 날 감사의 카드를 보내는 거예요. 저녁 식사에 초대해 주어 고맙다는 인사를 카드에 써서 보내는 거지요.

음식물이나 기호품 선물은 NO

　프랑스 사람들에게 음식물이나 기호품은 선물하지 않는 것이 좋아요. 기호품이란 사람들이 취미로 즐기거나 좋아하는 물품을 말하는데, 일반적으로 술, 담배, 향수, 보석 같은 것들이에요.

　우리나라에서는 흔하게 주고받는 선물인데 프랑스에서는 왜 피해야 할까요? 프랑스는 세계에서 으뜸이라 할 만큼 요리, 패션, 예술을 자랑하는 나라예요. 다시 말하면 자신만의 개성을 중요하게 생각하고 추구하는 사람들이 프랑스 사람들이에요. 워낙 개성이 강하다 보니 선물을 받더라도 자신이 좋아하는 스타일이 아닌 경우가 많을 거예요. 그래서 상대방이 난감해하지 않도록 음식물이나 기호품은 선물하지 않는다고 해요. 상대방의 개성을 존중해 주려는 의도인 거지요.

까다로운 식사 예절, 식사나 제대로 할 수 있을까

프랑스는 에티켓의 원조답게 식사 예절이 가장 까다로운 나라 중 하나예요. 프랑스 사람들에게 식사 시간은 단순히 배고픔을 덜기 위한 자리가 아니라, 친교의 자리라고 할 수 있어요. 그래서 식사 시간도 유난히 길고, 그에 따른 예절을 지키는 것도 아주 중요하게 생각해요.

프랑스에서는 일단 남녀가 섞여 앉는 것을 원칙으로 해요. 부부라고 해도 나란히 앉거나 마주 보고 앉아서는 안 돼요. 단, 초대를 받았을 때는 집주인이 자리 안내를 하니까 크게 신경쓸 필요는 없어요. 자리에 앉을 때는 여성을 우대하기 때문에 여성이 먼저 앉은 다음 남성이 앉아야 해요. 영국처럼 프랑스도 항상 '레이디 퍼스트'인 셈이지요.

프랑스에서 생선 요리를 먹을 때는 주의해야 할 점이 있어요. 생선을 뒤집지 말아야 해요. 우리나라에서는 생선을 먹을 때 한쪽 부분을 다 먹고 나면 뒤집어서 다른 쪽을 먹지만 프랑스에서는 한쪽을 다 먹고 난 다음, 중간에 있는 생선 뼈를 들어낸 뒤 나머지 반쪽을 먹어야 해요. 생선 하나 먹는 데에도 지켜야 할 예절이 있다니 참 까다롭지요?

이뿐만이 아니에요. 식사가 끝날 때까지 양손은 식탁 위에 있어야 하고, 식사 도중에 손을 내려 무릎 위에 올려놓는 것도 실례되는 행동이에요.

식사할 때에는 음식을 쩝쩝거리거나 후루룩거리면서 먹으면 안 돼요. 소리를 내서 먹는 것은 영국과 마찬가지로 아주 실례되는 행동이에요. 또 트림을 해서도 안 돼요. 트림을 하는 것은 우리나라에서 식사 도중에 방귀를 뀌는 것처럼 아주 실례되는 행동이에요.

또 한 가지 식사할 때 주의해야 할 점은 바로 포크와 나이프의 사용법이에요. 포크와 나이프는 요리가 나올 때마다 바깥쪽부터 좌우 한 개씩을 사용하는데, 한 번 사용한 것은 접시 위에 가지런히 올려놓아야 해요. 식사가 끝나면 포크는 위를 향하게 하고 나이

프의 칼날은 안쪽으로 향하게 해서 접시 위 오른편에 나란히 놓아야 해요.

　프랑스에서 식사 시간은 친교의 시간이라서 식사 도중에 낮은 소리로 많은 이야기를 나누어요. 우리나라에서는 식사 도중에 말을 많이 하면 어른들에게 혼나기도 하는데, 프랑스에서는 아무 말 없이 식사를 하면 오히려 무례하다고 생각해요.

꼼꼼 에티켓 노트

▶ 남의 물건에 손을 대는 것은 실례되는 행동이므로 마트에서 생선이나 고기를 살 때에도 판매원의 허락을 받고 만져야 해요.

▶ 프랑스 사람들은 실내에서 우산을 펴는 것과 식탁에서 소금을 엎지르는 것은 불길한 징조라고 생각해요.

▶ 관공서나 공공장소를 방문할 때는 정장을 입어야 해요. 모임에 참석했을 때 연장자가 외투를 벗기 전까지는 먼저 벗지 않는 것이 예의예요.

통일의 나라, 독일

공식 명칭 독일연방공화국
수도 베를린
국토 357,022㎢(대한민국 : 100,363㎢)
인구 83,780,000명
언어 독일어
종교 개신교, 가톨릭

베를린 대성당

독일로 출발

우리에게 독일은 부러운 나라 중 하나예요. 독일은 제2차 세계 대전이 끝난 뒤 동독과 서독으로 갈라졌지만 1990년 베를린 장벽을 허물고 통일을 이루었기 때문이지요.

독일은 수백만 명의 사람들을 학살한 히틀러의 나치즘이 탄생한 나라이기도 하지만 음악과 문학이 발달했고, 전쟁이 끝난 뒤 경제 부흥을 일으켜 강대국이 된 나라예요. 강인하면서도 부드러움을 가진 나라라고 표현할 수 있어요.

독일은 19세기 후반에 와서야 하나의 통일된 나라를 건설했어요. 그 이후로 빠르게 발전하여 강대국이 되었어요. 하지만 독일의 발목을 잡은 것은 전쟁이었어요. 독일은 두 번의 큰 전쟁에 참가해 패하는 아픔을 겪었고, 그로 인해 세계적인 비난까지 받았어요.

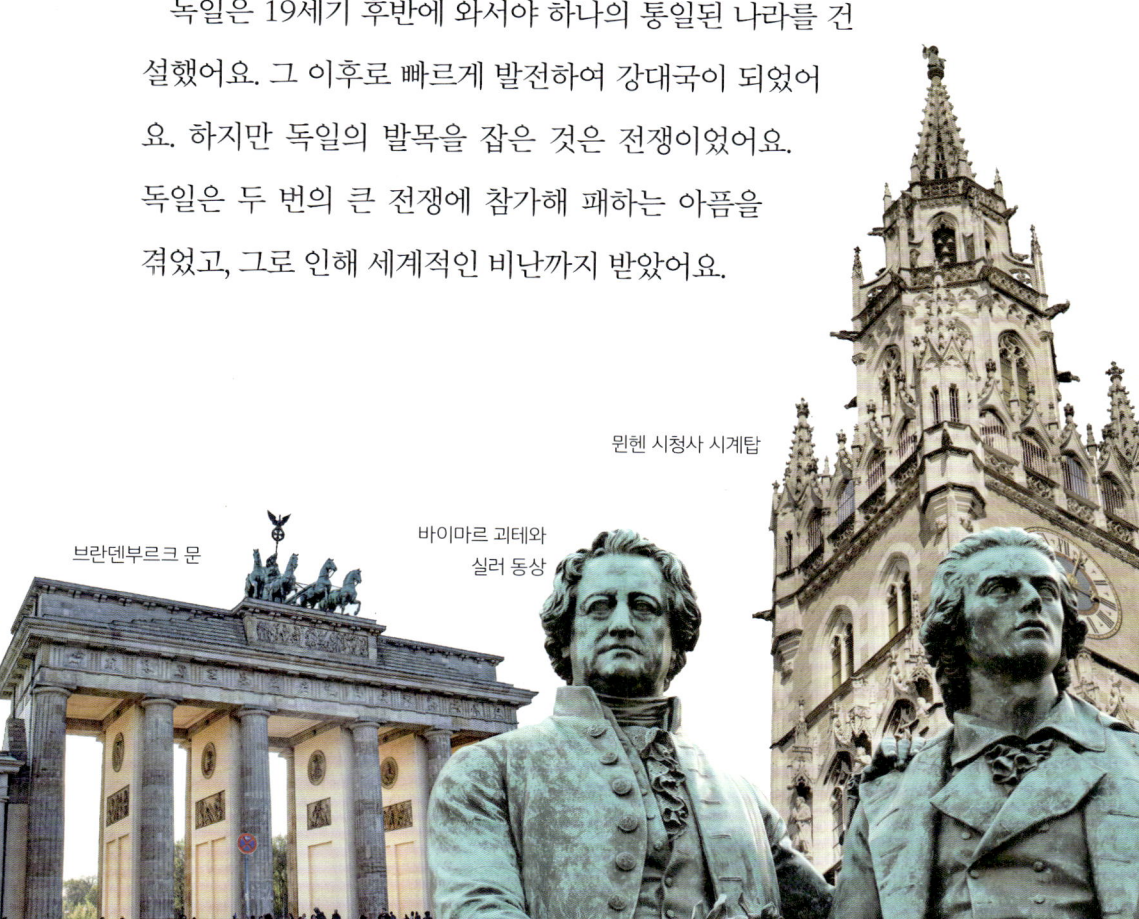

뮌헨 시청사 시계탑

브란덴부르크 문

바이마르 괴테와 실러 동상

독일은 제1차 세계대전에 참가했다가 패하면서 많은 영토와 식민지를 잃었어요. 독일이 일으킨 제2차 세계대전은 전 세계 사람들에게 크나큰 아픔을 준 전쟁이었어요. 당시 독일의 총리였던 히틀러는 수백만 명의 유대인을 학살하는 만행을 저질렀고, 세계를 전쟁의 소용돌이로 몰아넣었어요. 하지만 독일은 이 전쟁에서도 패하였고, 결국 동서로 분리되어 각각의 정부가 들어서게 되었어요. 그러다가 1990년 마침내 통일을 이루었지요.

독일 사람들은 성실하고 모든 일을 치밀하게 계획하여 이루는 민족이에요. 아마도 이러한 그들의 성격이 오늘날 독일을 세계적인 경제 대국으로 만든 원동력이 되었다고 할 수 있어요. 통일이 된 뒤, 독일은 가난한 동독의 경제를 살리기 위해 많은 부담을 떠안아야 했고, 그로 인해 한동안 어려움을 겪었어요. 하지만 강인함과 성실함으로 모든 어려움을 극복하여 우리에게 좋은 모범을 보여 주었어요. 그럼, 독일에는 어떤 에티켓이 있는지 알아볼까요?

인사는 짧고 강하게

독일 사람들은 모두가 게르만족의 후예예요. 게르만족은 원래 용감하고 충성스러우며 싸움을 잘하는 전사의 기질을 지닌 민족이에요. 이런 게르만족의 성격을 물려받아서인지 독일 사람들은 인사에서도 그런 특징이 잘 나타나요.

독일 사람들도 만나면 악수를 하는데, 강하고 짧게 하는 것이 특징이에요. 악수를 하면서는 고개를 숙이지는 않아요.

이렇게 강한 인상을 주는 독일 사람들이지만 인사만큼은 매우 중요하게 생각해요. 상점이나 레스토랑을 출입할 때 인사하지 않으면 무례한 사람으로 생각해요. 그러니까 독일에서는 항상 인사하는 습관을 가져야 해요.

'레이디 퍼스트'는 기본 중에 기본

독일은 여성을 매우 존중하는 나라예요. 일단 여성이 방에 들어오면 자리에 앉아 있던 사람들은 모두 일어서서 맞고, 여성이 서 있을 경우에는 나이나 지위에 상관없이 모두 자리에 서 있어야 해요. 또 여성이 자리에서 일어설 때도 남성들은 같이 일어나야 해요.

여성을 존중하는 것은 유럽 나라들의 공통적인 문화라고 볼 수 있어요. 하지만 연장자나 지위가 높은 사람들 앞에서는 조금 예외인 경우가 많아요. 여성보다는 연장자나 지위가 높은 사람들을 먼저 배려하는 경향이 있거든요. 그런데 독일은 연장자나 지위가 높은 사람들도 예외가 없어요. 무조건 여성이 먼저 존중을 받는 사회랍니다.

우리나라와는 좀 다른 모습이지요? 우리나라는 옛날부터 남성 중심의 사회였으므로 여성들은 존중 받기가 힘들었어요. 지금은 우리 사회도 많이 달라졌지만, 우리나라 여성 입장에서는 독일 여성들이 엄청 부러울 거예요.

시간 약속은 독일이 세계 최고

독일에서 가장 중요한 것은 시간 약속을 철저하게 지키는 일이에요. 독일 사람들의 시간 약속은 세계 제일이라고 할 수 있어요. 2~3분 늦는 것도 그들에게는 모욕적인 일이기 때문에 정말 주의해야 해요.

시간과 관련한 재미있는 이야기가 있어요. 독일의 유명한 철학

자 칸트의 이야기예요. 칸트는 매일 오후 항상 똑같은 시간에 산책을 즐기곤 했어요. 그런데 그 시간이 얼마나 정확한지 사람들은 칸트를 보고 시계를 맞추었다고 해요. 이 이야기는 철학자 칸트의 규칙적인 생활을 말하는 것이지만, 한편으로는 독일 사람들의 시간관념이 얼마나 정확한지 보여 주는 좋은 일화이기도 해요.

아무튼 독일 사람들과 좋은 인간관계를 맺으려면 무엇보다 시간 약속을 잘 지켜야 해요. 독일 사람들에게는 1분 늦은 것도 결국은 늦은 거예요. 그러니까 약속은 항상 여유 있게 잡고 미리 도착하는 게 좋아요.

철저한 계획 속에 사는 사람들

독일 사람들처럼 계획적으로 사는 사람도 없을 거예요. 독일 사람들은 사전에 계획한 순서에 따라 모든 생활을 하고, 또 그것들을 꼭 지키는 편이에요.

심지어 독일 사람들은 장을 볼 때에도 미리 써 온 메모지를 보고 물품을 구입한다고 해요. 계획하지 않은 물품은 사지 않으려는 거지요. 우리나라 사람들도 장을 보러 갈 때 미리 살 것들을 적어 가긴 하지만 때로 계획하지 않은 물건을 사는 경우가 많아요. 독일 사람들은 그런 경우는 없어요. 이런 습관은 쓸데없는 낭비를 막는 데도 큰 효과가 있지요.

어딘가를 방문할 때도 마찬가지예요. 미리 시간과 장소를 정하고, 그렇게 정한 약속은 반드시 지키는 것이 독일 사람들의 기본 예의예요. 정확한 걸 좋아하는 만큼 당연히 계획되지 않은 일은 싫어하겠지요? 우리나라 사람들은 약속되지 않은 방문이나 만남에 큰 즐거움을 느끼는 경우가 많은데, 독일에서는 아주 실례되는 행동이에요.

너무 철저하고 정확해서 정이 없는 민족처럼 보이지만 남에게 피해를 주기 싫어하고, 또 피해도 받기 싫어하는 게 독일 사람들의 성격이에요.

칭찬도 반갑지 않아

칭찬을 싫어하는 사람도 있을까요? 칭찬은 고래도 춤추게 한다고 해서 우리나라에서는 한때 칭찬 열풍이 불기도 했는데, 독일 사람들은 칭찬을 그다지 좋게 여기지 않아요.

독일 사람들은 상대방이 칭찬을 하면 매우 당황하는 편이에요. 그래서 칭찬을 잘 하지도 않고, 칭찬을 받으려고도 하지 않아요.

독일 사람들은 꾸미거나 과장하는 것을 싫어하는 민족이에요. 아마 칭찬도 과장한다고 생각해서 싫어하는 건지도 몰라요. 남을 속이지 않고, 과장하지도 않으며, 자기가 할 일은 정확하고 철저하게 하면 그만이라는 생각이 독일 사람들에게 깊이 새겨져 있어요. 이런 사람들에게 다른 사람들의 칭찬은 오히려 부담스러울 수밖에 없어요. 칭찬도 독일에서는 부담이 될 수 있다는 걸 잊어서는 안 돼요.

꼼꼼 에티켓 노트

▶ 독일 사람의 집으로 전화해서 회사 일을 이야기해서는 안 돼요. 독일 사람들은 집과 회사가 엄격하게 분리되어 있어요.

▶ 꽃 선물은 홀수로 하는데, 열세 송이는 하지 않아요. 장미나 카네이션, 포장한 꽃도 선물하지 않지요.

▶ 공공장소에서 껌을 씹는 행동, 대화할 때 주머니에 손을 넣는 행동은 예의에 어긋난 행동이에요.

알프스의 나라, 스위스

공식 명칭 스위스연방
수도 베른
국토 41,277㎢(대한민국 : 100,363㎢)
인구 8,650,000명
언어 독일어, 프랑스어, 이탈리아어
종교 가톨릭, 개신교

베른에 있는 연방의회 의사당

스위스로 출발

스위스는 국토의 3분의 2가 알프스산맥으로 이루어진 아름다운 산악 국가예요. 이 밖에도 여러 가지 수식어가 붙기도 해요. 세계에서 가장 살고 싶은 나라, 가장 아름다운 나라, 가장 성공한 나라, 1인당 국민소득이 높은 나라, 국제기구가 많이 있는 나라, 시계를 잘 만드는 나라 등으로 불리지요. 또한 법질서를 잘 지키고, 정밀기계, 전자, 금융업, 관광업, 서비스업까지 고루 발달한 매우 부유한 나라이기도 해요.

하지만 스위스는 처음부터 잘사는 나라가 아니었어요. 오히려 매우 힘든 환경을 오로지 노력으로 극복한 경우라 할 수 있지요. 스위스의 국토는 우리나라의 반밖에 안 되고, 인구도 서울보다 적어요. 게다가 국토의 3분의 2가 알프스산맥으로 되어 있어 매우 열악한 자연환경을 지닌 나라였어요.

이러한 악조건을 스위스 사람들은 기술을 개발하고, 서비스와 관광 산업을 육성하여 헤쳐 나갔어요. 긴 겨울을 이용하여 가정에

서 시계와 정밀기계를 만들고, 알프스산맥을 개발하여 관광객들이 찾도록 한 거지요.

특히, 스위스는 은행으로 세계적인 명성을 얻었는데, 스위스 은행이 이런 명성을 얻은 것은 제2차 세계대전 때예요. 당시 독일의 히틀러는 유대인을 학살하면서 유대인이 스위스 은행에 예금한 돈을 몰수하려고 했어요. 하지만 스위스는 그에 응하지 않았고, 유대인의 재산은 그대로 보전되었어요.

일반 은행이 예금에 대한 이자를 지급하는 데 반해, 스위스 은행은 오히려 보관 수수료를 받아요. 대신 예금주에 대한 정보를 비밀로 하고, 예금주의 허락 없이는 아무도 돈을 인출해 갈 수가 없어요. 그런데 이런 정보 보호는 나쁜 결과를 가져오기도 했어요. 각국의 독재자들이 비밀 재산을 스위스 은행에 보관하고, 부정한 방법으로 모은 돈을 세탁하는 역할을 했기 때문이에요. 이에 스위스 은행은 범죄자가 훔친 돈이라고 판단될 경우에는 정보 보호의 예외를 인정하는 등 부정적인 이미지를 바꾸려고 노력하고 있어요.

스위스의 소몰이 축제

스위스 사람들은 둘째가라면 서러워할 정도로 부지런한 사람들이에요. 외국에 나가 있는 우리나라 사람들도 부지런하다는 소리를 듣지만 스위스 사람들은 아침 일찍부터 저녁 늦게까지 열심히 일하기를 좋아하는 민족이에요. 그런 부지런함이 오늘날의 스위스를 만든 원동력이라고 할 수 있지요. 그럼, 스위스에는 어떤 에티켓이 있는지 알아볼까요?

개인적인 질문은 사절

사생활을 중요하게 생각하지 않는 사람들은 없겠지만 스위스 사람들은 사생활을 특히 중요하게 생각해요. 스위스에서는 저녁 8시 이후에는 전화를 하거나, 집 안에서 악기를 연주해도 안 돼요. 공공장소에서는 다른 사람을 언짢게 할 만큼 큰 소리로 대화하는 것도 금지하고 있어요. 또 밤 11시 이후에는 어떤 소음도 내지 말아야 해요. 이웃 사람들의 잠을 방해하면 안 되기 때문이지요.

이렇게 서로의 사생활을 중요하게 생각하므로 개인적인 질문도 자제해야 해요. 예를 들어 자녀 문제, 부부 문제 등은 꺼내서는 안 돼요. 조금 친하게 된 경우에도 개인적인 질문은 되도록 하지 않는 것이 좋아요.

밤 12시가 넘어도 교통 신호는 지킨다

스위스 사람들은 준법정신이 아주 뛰어나요. 이런 준법정신 때문에 교통법규는 물론 아파트 등의 공동생활에서도 자율적으로 법질서가 유지되는 나라예요.

스위스 사람들은 밤 12시에도 누가 보든 안 보든, 경찰이 있든 없든 간에 교통신호는 꼭 지켜요. 이렇게 법질서나 규범을 잘 지키기 때문에 그들 앞에서 규범을 지키지 않으면 따가운 눈총을 받기 쉬워요.

스위스 사람들은 교통법규를 위반하는 자동차나 사람을 보면 경찰이 나서기 전에 모두가 목격자나 감시자가 되어 경찰에 신고한다고 해요.

우리나라는 자동차가 없거나 경찰이 보지 않을 때 교통법규를 슬쩍슬쩍 무시하는 경우가 많은데, 스위스에서는 있을 수 없는 일이에요. 스위스에서는 아무도 보지 않는다고 교통법규를 어기면 어디선가 신고를 받고 경찰차가 달려올지도 몰라요. 그러니까 스위스에서는 무슨 일이 있어도 교통법규는 꼭 지켜야 해요.

스위스에서는 농담도 못 해

독일 사람들이 칭찬에 당황하듯이 스위스 사람들은 농담에 익숙하지 않아요. 그래서 스위스 사람들에게 농담을 건넬 때는 매우 주의해야 해요.

농담은 가끔 어색하거나 긴장된 분위기를 풀어 주고, 생활의 활력소 같은 역할을 하는데, 스위스에서는 농담 한마디 잘못 했다가 분위기를 오히려 더 썰렁하게 만들 수도 있어요.

스위스 사람들이 농담을 전혀 하지 않는 것은 아니지만 때와 장소를 가려서 농담을 해야 하기 때문에 조심할 수밖에 없어요. 스위스 사람들 자체가 농담에 익숙하지 않고, 진지한 태도를 유지하는 경향이 있기 때문이에요.

노인들의 천국

스위스는 노인을 위한 복지 제도가 세계 최고라고 할 만큼 잘 이루어진 나라 중 하나예요. 그래서인지 장수하는 사람들도 많아요. 일반 국민들도 노인들에 대한 경로 우대 정신이 매우 철저한 편이에요.

스위스에서는 버스를 타거나 내리는 노인이 있으면 얼른 나서서 부축해 주는 것이 예의예요. 과학의 발달로 사람들의 수명이 길

어지면서 각 나라마다 노인 문제가 많은데, 스위스 사람들과는 거리가 먼 이야기라고 할 수 있지요.

꼼꼼 에티켓 노트

▶ 아무리 가까운 사이라도 이름을 부르면 싫어해요.

▶ 스위스 사람들은 자신의 잘못을 잘 인정하지 않는 성격이기 때문에 화내지 않고 논리적으로 설득해야 해요.

▶ 집으로 초대 받았을 경우, 빨간 장미나 국화, 카네이션을 선물하는 것은 큰 실례예요. 꽃 외에 작은 선물을 들고 가는 것이 좋아요.

투우와 플라멩코의 나라, 스페인(에스파냐)

공식 명칭 스페인(에스파냐)왕국
수도 마드리드
국토 505,370㎢(대한민국 : 100,363㎢)
인구 46,750,000명
언어 에스파냐어
종교 가톨릭

스페인 대성당

스페인으로 출발

'스페인' 하면 가장 먼저 떠오르는 단어는 무엇일까요? 축구를 좋아하는 친구들이라면 단연 축구라고 이야기하겠지요? 세계에서 가장 뛰어난 선수들이 스페인 축구 리그에서 활동하고 있으니까요. 스페인은 축구도 유명하지만 투우와 플라멩코로도 유명한 나라예요.

투우는 황소와 인간이 목숨을 걸고 대결하는 경기예요. 이 경기는 목축업의 풍요를 위해 소를 바치는 제사 의식에서 비롯되었어요. 플라멩코는 주름이 많은 화려한 색의 스커트를 입고 두 손으로 캐스터네츠를 치며 추는 춤이에요. 흥겨운 음악에 맞춰 격렬하면서도 화려하게 추는 플라멩코는 스페인 사람들의 열정을 그대로 보여 주는 춤이랍니다.

스페인은 오랜 세월 이슬람 세력의 지배를 받다가 1492년에 통일된 왕국을 이루었어요. 유럽에서는 가장 오랜 역사를 지닌 나라 중 하나인 셈이지요. 스페인 사람들에게 1492년은 아주 특별한 해라고 볼 수 있어요. 통일 왕국을 이룬 해이자, 콜럼버스가 신대륙 아메리카를 발견한 해이기 때문이지요. 16세기와 17세기경에는 아메리카와 아시아에 광대한 식민지를 건설하여 세계를 지배하는 강대국이기도 했어요.

스페인은 전 국민이 가톨릭을 믿는 국가이지만 오랜 세월 이슬람 세력의 지배를 받았기 때문에 이슬람 문화도 생활 곳곳에 녹아 있어요.

어떤 친구들은 스페인과 에스파냐를 다른 나라라고 생각하고 있는데, 스페인과 에스파냐는 같은 나라예요. 우리가 자주 쓰고 있는 '스페인'은 영어식 표현이고, 이 나라 사람들은 '에스파냐'라고 해요. 그럼, 스페인에는 어떤 에티켓이 있는지 알아볼까요?

스페인에서는 절대 재촉하지 마라

스페인 사람들은 매우 느긋하고 여유로운 성격을 지녔기 때문에 무언가를 재촉하면 안 돼요. 우리나라 사람들과는 완전히 다른 모습이라고 할 수 있지요.

　우리나라 사람들은 '빨리빨리' 문화에 익숙해져 있어서 무엇이든 빨리하는 걸 좋아해요. 음식점에서 주문할 때 음식이 조금만 늦게 나와도 바로 종업원을 불러 재촉하고, 집에서 음식을 배달시켜 먹을 때도 마찬가지예요. 주문한 지 10분도 되지 않아 왜 오지 않느냐고 바로 전화를 해요. 이런 행동은 스페인에서는 상상도 할 수 없어요.

　스페인 식당에서는 종업원을 부르면 바로 오지 않을 때도 많아요. 특히 종업원이 무슨 일을 하고 있는 중이라면 그 일을 끝내기

전에는 반응조차 하지 않아요. 그들에게는 무슨 일을 하고 있을 때 부르는 것 자체가 실례되는 행동이에요. 스페인 사람들은 재촉한다고 해서 먼저 가져다주는 법이 없어요. 이 나라에서는 모든 것이 순서대로 진행되니까 느긋하게 기다리는 마음의 여유가 필요해요.

  스페인 사람들과 약속을 할 때도 여유를 갖고 기다릴 줄 알아야 해요. 일부러 늦어서는 안 되겠지만 약속 시간에 늦었다고 화를 내거나 짜증을 내면 안 돼요. 원래 이 나라 사람들의 성격이 느긋하니까 그 정도는 이해할 수 있어야 해요.

  우리나라 사람들이 생각하기에는 지나치게 느긋한 스페인 사람들이 답답해 보일 수도 있지만 모든 것을 여유롭게 생각하는 정신만은 배울 필요가 있지 않을까요?

돈키호테 동상

손을 강하게 잡아야 제대로 된 악수

스페인 사람들이 가장 흔하게 하는 인사는 양 볼에 키스를 하는 거예요. 헤어질 때도 양 볼에 키스를 해요. 물론 어느 정도 친한 관계에서 하는 인사법이에요.

처음 만난 자리에서는 이런 인사를 하지 않아요. 하지만 가끔 친근감을 강하게 표시하기 위해서 처음 만난 자리에서도 양 볼에 키스를 하는 경우가 있어요. 그럴 때는 당황하지 말고 상대방을 따라 하면 돼요.

스페인 사람들은 처음 만난 자리에서는 주로 악수를 해요. 그런데 악수도 정열적으로 하는 편이에요. 스페인 사람들은 악수할 때 강하게 꽉 잡는 습관이 있어요. 우리나라에서도 아주 반가운 만남일 경우에는 손을 꽉 잡고 흔들기도 하는데, 보통의 경우에는 가볍게 손을 맞잡으며 악수하는 편이에요. 스페인에서는 손을 약하게 잡거나 악수를 적극적으로 하지 않는 것이 오히려 실례되는 행동이니까 주의해야 해요.

예약은 어디서나 필수

스페인에서는 어디를 가든 예약을 하고 가야 해요. 식당을 가더라도 예약을 하고, 심지어 이발소 같은 곳을 가더라도 예약은 필수예요. 예약을 하지 않고 가면 문 앞에서 거절을 당하는 경우도 있어요. 스페인 사람들이 모든 일에 느긋한 성격을 가지고 있는 것도 예약하는 습관과 관련이 있어요. 미리 예약을 해 두면 시간을 효율적으로 관리할 수 있기 때문이지요.

우리나라 사람들은 예약과는 좀 거리가 멀어요. 예약보다는 직접 가서 기다리는 타입이지요. 또 자기 순서가 빨리 오지 않으면 재촉하는 경우도 많아요. 우리의 '빨리빨리' 문화는 예약하는 습관이 익숙하지 않은 탓이라고 할 수도 있어요. 우리도 시간을 효율적으로 관리하려면 스페인 사람들처럼 예약하는 습관을 가질 필요가 있어요.

점심과 저녁은 늦게, 식사는 하루 다섯 번

우리나라 어린이들이 잠자리에 들 시간에 스페인 사람들은 저녁 식사를 시작해요. 스페인 사람들의 식사 시간은 우리나라보다 2시간 정도 늦는 편이에요. 12시경에 점심을 먹고, 저녁 6~7시경에 저녁을 먹는 우리와 다르게 스페인 사람들은 오후 2시경에 점심을, 밤 9시경에 저녁 식사를 해요.

파에야

점심을 먹으려고 12시경 스페인 식당에 가면 어떻게 될까요? 아마도 그냥 돌아와야 할지도 몰라요. 스페인에서는 그 시간에 문을 열지 않은 곳도 많아요. 또 우리나라에서 오후 8시는 저녁 식사 시간으로는 늦은 시간이지만 스페인에서 아직 시작도 하지 않은 시간이에요.

추로스

스페인 사람들은 저녁 식사를 늦게 하기 때문에 잠을 자는 시간도 늦고, 아침에 일어나는 시간도 늦어요. 따라서 아침에 일찍 전화를 하는 것도 큰 실례랍니다.

스페인 사람들은 하루에 다섯 번 식사를 한다고 해요. 아침, 점심, 저녁 식사 외에 중간에 간식을 챙겨 먹기 때문이에요. 자주 음식을 먹는다는 것은 그만큼 열심히 일을 한다는 의미이기도 하니까 그렇게 부정적으로만 볼 필요는 없어요. 우리나라에서도 힘든 일을 하는 사람들은 중간에 간식 시간이 따로 있거든요. 아무튼 먹는다

는 것은 즐겁고 행복한 일이지요.

　스페인 사람들은 점심 식사 후에 '시에스타'라고 하는 낮잠을 자는 습관이 있어요. 따라서 시에스타 시간에 방문하는 것도 아주 실례되는 행동이에요.

꼼꼼 에티켓 노트

▶ 스페인에서 좋은 대접을 받으려면 옷을 잘 입어야 해요.

▶ 커피를 마실 때 입으로 불거나 소리를 내서 마시면 교양 없는 사람이라고 생각해요.

▶ 신발을 벗어 발을 보이는 것은 무례한 행동이에요.

로마의 역사가 숨 쉬는 나라, 이탈리아

공식 명칭 이탈리아공화국
수도 로마
국토 301,340㎢ (대한민국 : 100,363㎢)
인구 60,460,000명
언어 이탈리아어
종교 가톨릭

피사의사탑

이탈리아로 출발

지금은 이탈리아의 수도가 로마이지만 로마는 한때 세계를 호령하던 대제국의 이름이었어요. 그래서 로마와 관련된 유명한 말도 많아요. '로마에 가면 로마의 법에 따라야 한다.' '로마는 하루아침에 이루어지지 않았다.' '모든 길은 로마로 통한다.'

기원전 6세기경부터 로마제국이 멸망하기 전까지 로마는 세계의 중심이었다고 해도 지나친 말이 아니에요. 그만큼 이탈리아 역시 역사가 오래되었고, 로마 시대의 많은 유적지가 남아 있는 곳이에요. 이탈리아는 로마의 화려한 유적을 바탕으로 세계 최고의 문화유산을 자랑하며, 건축, 음악, 미술, 디자인 등 세계의 문화를 이끌고 있다는 지부심이 큰 나라예요.

이탈리아를 이야기하면서 또 하나 빼놓을 수 없는 것이 바로 '르네상스'예요. 르네상스는 14세기에서 16세기에 이탈리아를 중심으로 유럽 여러 나라에 일어난 문화 운동이에요. 문학, 미술, 건축, 자연과학 등 여러 방면에 걸쳐 유럽의 문화를 눈에 띄게 발전시켰던 혁신적인 운동이라고 할 수 있어요. 이탈리아는 이 르네상스 운동의 중심지로 찬란한 문화를 꽃피운 나라지요.

하지만 이런 찬란한 문화를 가진 이탈리아도 역사적으로는 많은 어려움을 겪었어요. 로마제국의 전성기를 제외하고는 줄곧 다른 민족의 침입으로 분열된 상태였고, 르네상스 시기에 잠깐 화려한 꽃을 피웠다가 다시 프랑스, 스페인, 오스트리아의 지배를 받았기 때문이에요.

이탈리아는 19세기가 되어서야 하나의 통일된 왕국을 이룰 수 있었어요. 그러나 제2차 세계대전 때 독일 나치스와 동맹을 맺었다가 연합국에 패하는 아픔을 겪기도 했어요.

미켈란젤로의 다비드상

콜로세움

이탈리아는 국민 대부분이 가톨릭교를 믿는 가톨릭 국가예요. 또 수도 로마에는 전 세계 가톨릭의 수장인 교황이 통치하는 바티칸시국이 있어요. 따라서 이탈리아는 가톨릭과는 떼려야 뗄 수 없는 매우 밀접한 관계에 있어요.

이탈리아 사람들은 다정하고 자유로운 생각을 가진 민족인데, 북부와 남부 지역 사람들은 각각 특징이 달라요. 북부 지역 사람들은 키가 크고 금발이 많고, 근면하고 성실한 데 반해 남쪽 지역 사람들은 키가 작고 검은 머리에 낙천적인 성격이에요. 그럼, 이탈리아에는 어떤 에티켓이 있는지 알아볼까요?

한 손을 주머니에 넣고 악수하면 안 돼

이탈리아 사람들도 만날 때와 헤어질 때 모두 악수를 해요. 그런데 악수할 때 다른 한쪽 손을 바지 주머니에 넣고 있으면 안 돼요. 그건 매우 실례되는 행동이에요. 이런 관습은 우리나라와도 비슷하지요. 우리나라에서도 한쪽 손을 주머니에 넣고 악수를 하면 건방지다는 소리를 들으니까요.

이탈리아 사람들은 친한 사이일 때는 포옹을 하거나 볼에 키스를 하는데, 이런 인사법은 유럽 나라들의 공통적인 인사법이에요.

성격보다는 겉모습이 중요해

이탈리아 사람들은 체면을 매우 중요하게 생각해요. 쉽게 말해서 내용보다는 형식을 더 중요하게 여긴다는 거지요. 그러다 보니 사람의 인격보다는 출신과 외모, 옷차림 등을 더욱 중요하게 생각하는 편이에요. 특히 옷차림에 무척 신경을 많이 쓴다고 해요. 후줄근한 옷차림을 하면 무시를 당할 수도 있어요.

우리나라도 과거에는 조선 시대 양반 문화의 영향을 받아서 형

식과 체면을 중요하게 생각했어요. "양반 체면에 어떻게 그런 일을 하나?"라고 하면서 체면을 중요시했지요. 지금은 이런 모습은 많이 없어졌고, 사람을 겉모습만 보고 판단해서는 안 된다고 많이들 생각해요. 하지만 이탈리아에서는 이런 생각이 통하지 않아요. 일단 겉모습을 보고 사람을 판단하기 때문에 상대방의 마음을 얻으려면 우선 겉모습에 신경을 써야 해요. 성격은 그다음이에요.

눈으로 하는 쇼핑은 안 돼

쇼핑을 싫어하는 여성도 있을까요? 대부분 여성들은 물건을 사지 않더라도 몇 시간이고 돌아다니면서 눈으로만 구경하는 것도 좋아하지요. 하지만 이탈리아에서는 이렇게 눈으로만 구경하는 것을 주의해야 할 곳이 있어요.

거리의 작은 상점에서는 눈으로 하는 쇼핑은 안 돼요. 이탈리아에서 작은 상점을 들어가는 것은 곧 물건을 산다는 것을 의미하거든요. 일단 상점에 들어가면 물건을 사는 것이 예의예요. 만약 물건을 사지 않고 둘러보기만 하고 나오면 욕을 먹을 수도 있으므로 신중하게 생각하고 들어가야 해요. 물건을 확실히 사겠다는 결심이 서면 그때 들어가야 한답니다.

양념 소스는 셀프서비스

이탈리아의 식사 예절은 다른 유럽 나라에 비해 자유롭지만 어느 정도 격식은 있는 편이에요. 이탈리아에서는 식사 전에 반드시 손을 씻는 것이 좋아요. 감자튀김이나 뼈가 들어 있는 고기, 빵 등은 손으로 먹기 때문이지요. 그리고 식사 중에는 팔을 식탁 밑으로 내리면 안 돼요. 이런 예절은 유럽의 많은 나라에서 공통적으로 가지고 있지요. 또한 팔꿈치를 식탁 위에 올려놓아서도 안 돼요.

만약 큰 접시에 음식이 나올 때 자신이 먹고 싶은 것을 찾는다고 음식을 뒤적거리는 것은 매우 실례되는 행동이에요.

또 특별히 주의해야 할 점이 한 가지 더 있어요. 이탈리아에는 식탁 위에 올리브 오일이나 소금, 후추 등의 기본적인 양념 소스가 놓여 있어요. 만약 양념 소스들이 멀리 떨어져 있으면, 옆 사람에

게 집어 달라고 부탁하는 것은 매우 실례되는 행동이에요. 이탈리아 사람들은 양념 소스 통을 다른 사람에게 건네받으면 좋지 않은 일이 생긴다고 믿기 때문이지요. 양념 소스가 필요할 때는 반드시 자리에서 일어나 직접 가져다 먹어야 해요. 그 외 식사 후에는 트림을 하지 말아야 하고, 음식을 남기는 것도 예의가 아니에요.

꼼꼼 에티켓 노트

▶ 성당과 같은 경건한 곳에서는 복장에 대한 규제가 심한 편이에요. 성당을 방문할 때에는 어깨가 드러난 옷이나 반바지는 피하는 것이 좋아요.

▶ 이탈리아에서는 자신의 귀를 만지는 행동을 하면 상대방을 모욕하는 것으로 생각하기 때문에 주의해야 해요.

▶ 손가락을 턱에 댔다 떼었다 하는 것은 '귀찮다'는 의미이므로 오해가 생기지 않게 주의해야 해요.

▶ 와인을 따를 때 병 아래쪽을 잡고 따르지 말아야 해요. 왼손은 병 밑을 받치고 오른손으로 병의 목 부분을 잡고 따라야 해요.

서양 문명이 시작된 나라, 그리스

공식 명칭 그리스공화국
수도 아테네
국토 131,957㎢ (대한민국: 100,363㎢)
인구 10,420,000명
언어 그리스어
종교 그리스정교

파르테논신전

그리스로 출발

그리스는 서양 문명의 발상지로서 오랜 역사를 지닌 나라예요. 그리스신화 이야기로 무척 유명한 나라이기도 하지요.

그리스 지역에 처음 문명이 생겨난 것은 기원전 2000년경이었고, 문명의 꽃을 피우기 시작한 것은 기원전 4~5세기경이었어요. '폴리스'라는 도시 국가들이 생기면서 그리스는 눈부시게 발전했지요. 이 시기에 소크라테스, 플라톤, 아리스토텔레스와 같은 세계적인 철학자들이 등장했고, 훌륭한 정치 지도자들이 많이 나와서 고대 그리스의 찬란한 문화가 만들어졌어요. '민주주의'라는 정치 형태가 처음 생겨난 것도 바로 이 시기였어요.

그리스는 5세기경 페르시아와의 전쟁에서 이긴 뒤 최고의 전성기를 누렸어요. 하지만 그 뒤 아

플라톤

소크라테스

아리스토텔레스

테네와 스파르타의 전쟁으로 급격히 쇠퇴의 길을 걷기 시작했어요. 그러다가 마케도니아의 알렉산더대왕에게 정복당했고, 한동안 동로마제국의 지배를 받다가 15세기 경 동로마제국을 멸망시킨 오스만제국에 합병되었어요. 그리스는 1830년에 이르러서야 오스만제국에 저항하는 혁명을 일으켜 독립을 이루었어요.

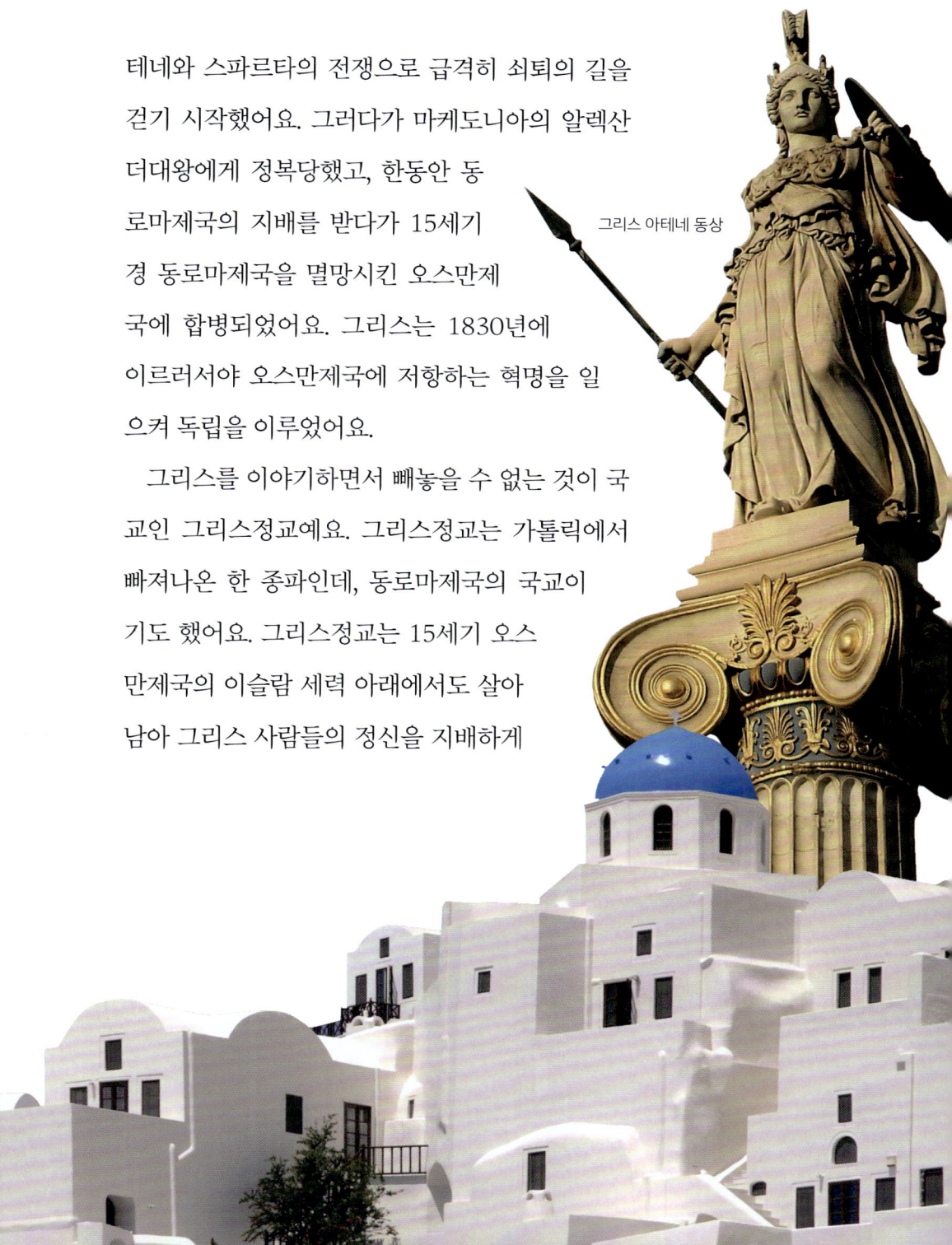

그리스 아테네 동상

그리스를 이야기하면서 빼놓을 수 없는 것이 국교인 그리스정교예요. 그리스정교는 가톨릭에서 빠져나온 한 종파인데, 동로마제국의 국교이기도 했어요. 그리스정교는 15세기 오스만제국의 이슬람 세력 아래에서도 살아남아 그리스 사람들의 정신을 지배하게 된 종교예요. 그리스 사람들의 95퍼센트가 이 종교를 믿고 있으며, 헌법에도 명시되어 국민들 사이에 확고하게 자리 잡은 종교예요.

그리스 사람들은 문화에 대한 자부심이 매우 강하고, 열정적이며, 친절하고, 낙천적인 성격을 지닌 민족이에요. 그럼, 그리스에는 어떤 에티켓이 있는지 알아볼까요?

어른이 최고야

그리스는 어른을 공경하고, 그 권위를 인정해 주는 나라예요. 한마디로 어른들이 대접을 받는 나라이지요. 그러니까 어디서든 나이 많은 노인들에게는 깍듯하게 예의를 차려야 해요. 어른을 공경하는 정신은 직장에서도 마찬가지예요. 직장에서도 위아래 위계질서가 엄격해서 상사나 연장자의 권위가 대단하다고 해요.

이런 까닭에 가족들이 한데 뭉치는 단결력 또한 매우 강한 편이에요. 집안의 어른을 중심으로 그러한 분위기가 잘 형성되기 때문이지요. 그래서 그리스에서는 크리스마스나 부활절에는 고향을 떠나 있던 가족들이 모두 집으로 돌아와 함께 시간을 보내는 풍습이 있어요. 대신 자녀들에게는 매우 엄격한 편인데, 이런 엄격함이 어른에 대한 공경으로 이어졌다고 볼 수 있어요.

시에스타를 즐기는 나라

중동 지역과 지중해 지역의 나라들은 '시에스타'라고 하는 낮잠 시간이 있어요. 그리스도 시에스타를 즐기는 나라 중 하나예요.

그리스는 하루 일과를 일찍 시작해요. 보통 7시나 8시에 시작하

고, 저녁 식사는 오후 9시경에 늦게 하는 편이에요. 그래서 보통 오후 4시에서 6시 사이에 낮잠을 자는 풍습이 생겼어요. 낮잠을 자는 시간에는 남의 집을 방문하거나 시끄럽게 소음을 내면 안 돼요. 소음이 심하면 경찰이 출동할 수도 있으니까 시에스타 시간에는 조용히 있어야 해요.

낮잠을 잔다고 해서 그리스 사람들을 게으르다고 생각하면 안 돼요. 낮잠을 자는 문화는 생활의 편리를 위해서 생겨났기 때문이에요.

날씨가 더운 지방은 점심 식사 후에는 햇볕이 너무 따갑기 때문에 일을 하기가 힘든 시간이에요. 그리고 하루를 일찍 시작하고 늦게 끝내는 나라들은 중간에 낮잠이라는 휴식으로 긴 하루의 피로를 잠깐이라도 풀어야 해요. 잠깐의 휴식은 생활의 활력소가 되기 때문이지요.

머리를 끄덕이면 NO, 좌우로 흔들면 YES

그리스에는 다른 나라와 구별되는 특별한 몸짓과 손짓이 있어요. 정확하게 알고 있지 않으면 실수를 하니까 잘 기억해 둬요.

많은 사람이 가장 헷갈려 하는 게 바로 '예스Yes'와 '노No'에 대한 몸짓이에요. 그리스 사람들이 머리를 위아래로 끄덕이면 무엇을 뜻하는 걸까요? '예스'라는 의미일까요? 우리나라에서는 당연히 '예스'의 의미지요. 그런데 그리스에서는 아니에요. 머리를 끄덕이는 것이 '노'라는 의미예요. 그러면 반대로 머리를 좌우로 흔들면 무슨 뜻일까요? 그게 바로 '예스'라는 뜻이에요.

우리나라와는 완전히 반대의 의미를 지니고 있어요. 정확하게 기억하고 있지 않거나 익숙하지 않으면 '예스'와 '노'를 반대로 사용할 수 있으니까 주의해야 해요.

또 한 가지 황당한 손짓이 있어요. 그리스에서는 사람들과 헤어질 때 손을 흔들어서는 안 돼요. 그러한 동작은 멸시와 모욕을 의미해요. 우리나라에서는 헤어질 때 손을 흔들어 주는 것이 당연한 예의인데, 그리스에서는 절대 해서는 안 될 행동이에요.

손바닥을 펴서 상대방을 향해 내미는 것도 욕과 같은 동작이라고 해요. 우리나라에서는 보통 손님을 안내할 때 이런 동작을 하는데, 그리스에서는 욕이라고 하니까 정말 주의해야 할 행동이에요.

또 상대방을 보며 한 손으로 턱을 쓰다듬는 것은 '매력적'이라는 표시예요. 우리나라에서는 무언가를 골똘히 생각할 때 이런 동작을 많이 하는데, 그리스에서는 아무 데서나 함부로 해서는 안 되는 행동이에요.

계산은 그리스 사람에게 맡겨

우리나라에서는 식당에서 여러 명이 식사를 하고 나면 계산하는 문제로 실랑이를 벌이는 경우가 있어요. 서양 사람들처럼 각자 계산하는 방식이 익숙하지 않아서 누군가가 혼자 계산하는 경우도 많고, 친한 사이거나 부담 없는 자리에서는 서로 자기가 계산하겠다고 나서기도 하지요.

조금 재미있는 경우도 있지요. 같이 식사를 했지만 자기가 계산하기 곤란한 경우, 괜히 눈치를 보게 되지요. 계산할 무렵에 화장실을 간다거나, 신발 끈을 매면서 상대방이 먼저 계산하기를 기다

리는 상황을 연출하는 거지요.

하지만 그리스에서는 그럴 필요가 전혀 없어요. 그리스 사람들은 터키 사람들과 마찬가지로 손님을 극진하게 대접하는 성격이에요. 외국인에게도 친절하고 따뜻하게 대하는 관습이 있기 때문에 식당으로 손님을 초대했을 경우 반드시 자신이 계산해야 해요. 만약 손님이 계산을 하려고 하면 자신에 대한 모욕으로 생각하기 때문에 그리스 사람들의 초대를 받아 식당에 갔을 때는 계산할 생각은 하지 않는 게 좋아요.

꼼꼼 에티켓 노트

▶ 집으로 초대 받았을 때는 선물을 하는 것이 좋은데, 여성에게는 꽃과 케이크, 남성에게는 위스키를 선물하면 좋아요.

▶ 유적지의 돌을 밖으로 가져 나오는 것은 범죄에 해당해요.

▶ 그리스 사람들은 시간적 여유를 중요하게 생각하므로 어느 정도 약속 시간에 늦는 것은 이해해야 해요.

▶ 팁 문화가 발달한 나라이므로 가격에 서비스 요금이 포함되어 있더라도 따로 팁을 지불하는 것이 좋아요.

동양과 서양이 만나는 나라, 터키

성소피아대성당

공식 명칭 터키공화국
수도 앙카라
국토 783,562㎢ (대한민국 : 100,363㎢)
인구 84,330,000명
언어 터키어
종교 이슬람교

드레비시 세마 댄스를 추는 세마젠

터키 꽃병

터키로 출발

터키는 유럽 대륙과 아시아 대륙을 잇는 다리 역할을 하는 나라예요. 국토가 유럽과 아시아에 걸쳐 있기 때문에 동양과 서양이 만나는 아주 매력적인 나라라고 할 수 있지요.

터키가 이렇게 매력적인 나라로 알려지게 된 것은 터키 최대의 도시인 이스탄불 덕분이에요. 터키의 국토는 95퍼센트 정도가 아시아 대륙에 있고, 약 5퍼센트 정도만 유럽 대륙에 속해 있는데, 이스탄불이 바로 바다를 사이에 두고 유럽과 아시아로 나누어져 있는 곳이에요.

이스탄불은 과거 동로마제국(비잔틴제국)의 수도였어요. 로마제국이 동서로 분리되면서 동로마제국은 이곳 이스탄불에 수도를 정하고, 15세기까지 로마제국의 전통을 이어 왔어요. 그래서 이스탄불은 이름도 많은데, 과거에는 비잔티움, 콘스탄티노플 등

에페소의 셀수스 도서관 유적

의 이름으로 불렸어요.

터키가 오늘날의 모습을 갖춘 것은 13세기 말 오스만제국이 건설되고부터예요. 오스만제국은 15세기에 동로마제국을 멸망시키고, 한때 유럽과 아프리카, 아시아 지역까지 대제국을 건설했어요. 오스만제국은 제1차 세계대전 뒤 1922년에 무너졌어요.

터키는 대륙 자체로만 보면 아시아 쪽으로 더 치우쳐 있지만 국민들은 유럽인이라는 의식이 훨씬 강해요. 이스탄불을 중심으로 유럽 문화의 영향을 많이 받은 탓이랍니다.

터키는 이슬람 국가이지만 동로마제국 시기에 정착된 그리스정교의 흔적도 많이 남아 있어요. 지금은 이슬람 문화와 그리스정교의 문화가 서로 조화를 이루고 있지요.

터키 국민들은 외국인에게 지나칠 정도로 친절한 국민성을 갖고 있어요. 또 전통에 대한 자부심이 강하고, 정열적이기도 하답니다. 그럼, 터키에는 어떤 에티켓이 있는지 알아볼까요?

인사는 유럽식으로

터키 사람들은 유럽인이라는 의식이 강하기 때문에 인사하는 것도 유럽의 다른 나라들과 비슷해요. 남성이나 여성이나 만나고 헤어질 때는 주로 악수를 해요. 하지만 친한 사이일 경우에는 악수하고 나서 포옹도 하고, 양쪽 볼을 맞대며 인사하기도 해요.

터키 사람들은 자신보다 나이 많은 연장자를 존중하고 우대하기 때문에 모임에 나가 인사할 때는 항상 연장자와 먼저 악수를 해요. 그리고 자리에 앉아 있다가도 연장자가 들어오면 자리에서 일어나야 해요. 밖으로 나갈 때에도 연장자보다 먼저 나가면 안 돼요.

'차이' 한잔 하실래요

터키 사람들은 전통적으로 차를 좋아하는 민족이에요. 대도시 같은 곳에서는 손님이 오면 커피를 제공하기도 하지만 일반적으로는 차를 많이 내놓는 편이에요.

터키의 전통 차는 '차이'라고 하는데, 이 차는 천천히 마셔야 해요. 빨리 마시면 옆에서 계속 부어 주기 때문에 잘못하다간 배가 부르도록 마셔야 될지도 몰라요. 만약 차를 그만 마시고 싶으면 티스푼을 반대로 눕혀 찻잔 위에 올려놓으면 돼요. 아니면 차를 반쯤 남겨 놓으면 다시 부어 주지 않아요.

터키 전통 차와 디저트 바클라바

손님은 왕

터키 사람들은 손님이 방문했을 때 최대한 예의를 갖추어 반갑게 맞이하는 풍습이 있어요. 손님들을 그렇게 대접하지 않으면 가문의 불명예로 생각하기 때문이에요.

손님을 초대하면 먼저 집 안 대청소를 하고, 풍성한 음식을 준비

한다고 해요. 조금 여유가 있는 집은 손님에게 줄 선물과 차비까지 준비한다고 해요. 반대로 초대 받은 사람은 꽃이나 사탕, 과일 등을 선물하는 것이 예의예요. 반대로 터키 사람들을 집으로 초대한 경우라면 최대한 반갑게 맞이해 주는 것이 좋아요.

음식이 뜨겁다고 입으로 불어서는 안 돼

터키 사람들은 손님을 반갑게 대접하는 풍습이 있기 때문에 식사 자리에 초대하는 경우에는 풍성하게 음식을 준비해요. 우리말로 표현하면 상다리가 부러지게 음식을 준비하는 거지요. 그래서 터키 사람들의 집에 초대 받았을 때에는 가능한 굶고 가는 것이 좋아요. 왜냐하면 음식을 남기는 것은 큰 실례이기 때문이에요.

터키에서도 다른 유럽 나라들처럼 음식을 먹을 때 소리를 내서는 안 돼요. 터키 사람들은 국물을 먹을 때도 절대 소리를 내지 않는다고 하니까 특히 주의해야 해요. 또한 음식에 코를 대고 냄새를 맡아 보는 것도 예의에 어긋난 행동이에요. 우리나라에서는 특별한 음식이 나오면 냄새부터 맡아 보는 것이 일반적인데, 터키에서는 바람직하지 않은 행동이에요.

뜨거운 음식이 나올 경우 음식을 식히기 위해 입으로 후후 불어서도 안 돼요. 또 식사 중에는 돌아가신 분이나 환자에 대해서도 말하지 않는 것이 예의예요. 마지막으로 식사 후에는 음식을 준비한 안주인에게 정중하게 감사의 인사를 하는 것이 예의예요.

손가락으로 사람을 가리키면 안 돼

터키에서 손가락으로 다른 사람을 가리키는 것은 매우 무례한 행동이에요. 우리나라에서는 '이 사람', '저 사람' 하면서 손가락으로 사람을 가리키는 것이 흔한 일인데, 터키에서는 조심해야 하는 행동이에요.

터키에서는 신발을 상대방 쪽으로 벗어 놓는 것도 무례한 행동이에요. 또 공공장소에서 코를 풀거나 포옹하는 것도 무례하다고 생각하니까 주의해야 해요.

꼼꼼 에티켓 노트

▶ 터키의 이슬람 사원에 들어갈 때는 신발을 벗어야 해요. 여성의 경우 머리, 팔, 어깨를 가리고 무릎을 덮는 치마를 입는 것이 좋아요.

▶ 터키 사람들은 저녁 식사를 가족이 모두 모여서 하므로 이 시간에는 약속을 잡지 않는 것이 예의예요.

▶ 터키 사람들은 터키공화국을 설립한 '케말 아타튀르크'를 매우 존경하기 때문에 함부로 비판하거나 초상화를 훼손해서는 안 돼요.

세계에서 가장 넓은 나라, 러시아

공식 명칭 러시아연방
수도 모스크바
국토 17,098,242㎢ (대한민국 : 100,363㎢)
인구 145,930,000명
언어 러시아어
종교 러시아정교, 이슬람교

성바실리대성당

러시아로 출발

러시아는 세계에서 가장 넓은 국토를 가진 나라예요. 또한 미국과 더불어 세계를 움직이는 강대국 중 하나지요.

러시아는 과거 '소비에트사회주의공화국연방(소련)'이라는 연합국가의 한 나라였어요. 지금은 해체되었지만 소련은 15개의 나라가 뭉쳐서 만든 연합국가였지요. 물론 러시아는 이들 연합국가 가운데 가장 넓은 국토와 가장 큰 영향력을 발휘했던 나라였어요.

미국이 민주주의를 대표하는 나라라고 한다면 소련은 사회주의를 대표하는 나라였어요. 사회주의는 국가가 개인의 자유와 재산을 모두 통제하고 관리하는 나라를 말해요. 그런데 사회주의를 대표하는 소련은 1991년에 해체되고 말았어요. 사회주의 아래서는 경제적으로도 너무 가난했고, 무엇보다 자유를 갈망하는 사람들이 많았기 때문이에요.

레닌 동상

소련이 해체되면서 각각의 나라들은 모두 독립국가를 이루었고, 러시아는 다시 여러 지역을 통합하여 독립국가를 이루었어요. 소련은 해체되었지만 러시아는 여전히 세계에서 가장 넓은 영토와 힘을 가진 나라예요.

　러시아의 국토는 우리나라보다 약 171배나 크지만 인구는 국토 크기에 비해 많지 않아요. 러시아에는 사람이 살기 어려운 척박한 땅이 많기 때문이에요. 하지만 넓은 땅 덕분에 러시아는 세계 최대의 석유 생산국으로 세계 천연자원의 4분의 1을 보유하고 있어요.

　또 많은 소수민족들이 살고 있고, 여러 종교가 공존하는 나라이기도 해요. 오랜 세월 동안 자유를 억압당하고 살아왔으므로 아직까지는 많은 갈등이 존재해요. 하지만 풍부한 자원이 있으므로 발전 가능성이 많은 나라라고 할 수 있어요. 그럼, 러시아에는 어떤 에티켓이 있는지 알아볼까요?

악수하고 난 뒤 이름을 말해

　러시아는 유럽 대륙과 아시아 대륙에 넓게 걸쳐 있는 나라이기 때문에 다양한 문화가 공존하지만 인사는 비교적 간단해요. 러시아 사람들은 처음 만난 사이에서는 악수를 하지만 친한 경우에는 남녀 모두 포옹을 해요. 대체로 가볍게 포옹하지 않고 강하게 포옹한다고 하니까 놀라서는 안 돼요. 아주 가까운 사이에서는 볼 키스도 해요.

　또한 러시아 사람들은 악수할 때 자기 이름을 말하며 인사하는 풍습이 있어요. 그런데 순서가 중요해요. 항상 악수를 하고 난 다음에 이름을 말해야 해요. 이름을 먼저 말하고 악수를 청하는 것은 실례되는 행동이에요.

술을 물 마시듯 하는 사람들

러시아 사람들은 세계에서 술을 가장 많이 마신다고 알려져 있어요. 주로 '보드카'라는 술을 마시는데, 보드카는 매우 독한 술이지만 러시아 사람들은 물처럼 마시는 편이에요. 러시아의 추운 날씨를 견디기 위해서 독한 술을 많이 마시는 풍습이 생겼지만 이러한 술 문화 때문에 많은 사회문제가 일어나기도 해요. 알코올중독자들도 많고, 일의 능률도 떨어지고, 여러 가지 사고도 자주 발생하는 편이에요. 또한 술로 인해 건강도 나빠지고 가정생활도 불행해지는 경우가 많다고 해요.

이렇게 술을 좋아하는 민족이다 보니 술 마시는 풍습도 좀 특별해요. 러시아 사람들은 술을 받으면 단숨에 비우는 습관이 있어요. 그렇게 하지 않으면 믿지 못할 사람이라고 생각하기 때문이에요. 잔을 받을 때마다 단숨에 비우는 것이 기본이지만 술을 못 하는 사람이라 하더라도 첫 잔은 반드시 비우는 것이 예의라고 해요.

러시아 사람들은 술자리에서 항상 건배를 하는 풍습도 있어요. 건배는 처음에 한 번만 하는 것이 아니라 마실 때마다 한다고 해요. 러시아 사람들이 세계에서 술을 가장 많이 마시게 된 원인이 건배 때문이라고 볼 수도 있어요. 매번 건배를 하기 때문에 술을 자주 마시게 되고, 건배한 잔은 단숨에 비우는 습관이 있기 때문에 많이 마실 수밖에 없는 거지요.

초대를 받은 술자리에서는 좀 더 특별한 술 문화가 있어요. 술잔을 들고 모임에 참석한 모든 사람이 돌아가면서 축하 인사를 한다고 해요. 따라서 미리 축하 인사말을 준비해서 가는 게 좋아요.

꽃 선물은 홀수로

러시아 사람들은 꽃을 유난히 좋아해요. 그래서 꽃 선물을 많이 하는데, 이때 반드시 기억할 게 있어요. 꽃은 반드시 홀수 송이로

선물해야 한답니다. 짝수로 선물할 경우 불행하다고 믿기 때문이에요. 우리나라에서 자주 하는 100일 기념 100송이 선물, 200일 기념 200송이 선물은 러시아에서는 어려워요. 모두 짝수이기 때문이지요. 그러니까 러시아에서 기념일을 지키고 싶다면 99송이를 선물하고, '한 송이는 당신'이라고 하는 닭살 돋는 농담을 하는 수밖에 없어요.

꼼꼼 에티켓 노트

▶ 러시아 공연장에서는 절대로 휘파람을 불어서는 안 돼요. 우리나라에서는 찬사와 열광의 인사지만 러시아에서는 불만족의 표현이라고 해요.

▶ 앉을 때 다리를 벌리거나 한쪽 발목을 다른 쪽 무릎 위에 올리면 불손하다고 생각해요.

▶ 식당에서는 종업원이 자리를 안내할 때까지 기다려야 해요.

▶ 러시아에는 다양한 종교가 있기 때문에 종교와 관련된 이야기는 피하는 것이 좋아요.

 캐나다

 미국

 멕시코

 아르헨티나

제3장 아메리카로 출발!

브라질

단풍이 아름다운 나라, 캐나다

공식 명칭 캐나다
수도 오타와
국토 9,984,670㎢(대한민국 : 100,363㎢)
인구 37,740,000명
언어 영어, 프랑스어
종교 가톨릭, 개신교

팔러먼트 힐(캐나다 국회 의사당)

캐나다로 출발

캐나다는 여러 가지로 미국과 닮은 점이 많은 나라예요. 국토도 미국과 비슷한 크기로 맞붙어 있고, 유럽의 이민자들이 세웠으며, 한때 영국의 식민지였다는 공통점이 있어요. 하지만 두 나라 사람들의 사는 방식과 문화는 조금 차이가 있어요.

캐나다는 단풍이 참 아름다운 나라예요. 캐나다의 국기를 보면

흰색 바탕에 붉은색 단풍잎이 그려져 있어요. 양옆에 붉은색 기둥이 있긴 하지만 단풍잎 하나가 곧 국기라고 볼 수 있지요. 캐나다 단풍이 얼마나 아름다우면 국기에 단풍잎이 있겠어요? 그만큼 '캐나다' 하면 '단풍'이라는 거지요.

캐나다에 가장 많이 이주해 온 민족은 영국과 프랑스 사람들이었어요. 그러다가 두 나라 사이에 전쟁이 일어났고, 그 전쟁에서 영국이 승리했어요. 그때부터 캐나다는 영국의 식민지가 되었어요. 1949년 캐나다는 영국에서 완전히 독립했지만 여전히 영국 연방에 속해 있어요. 실질적으로 정부가 따로 있지만 형식상 캐나다의 국가원수는 영국 여왕이라는 얘기예요.

캐나다는 세계에서 두 번째로 큰 국토를 가지고 있는데, 국토에 비해 인구는 적은 편이에요. 캐나다 북쪽은 사람이 살기 힘들 정도로 척박한 땅이기 때문이지요. 그래서 인구의 대부분은 미국과 맞닿은 국경 지역에 살고 있어요.

캐나다 사람들은 폭력과 범죄를 싫어하고, 자연보호에 매우 열

성적이며, 친절한 성격을 지니고 있어요. 그럼, 캐나다에는 어떤 에티켓이 있는지 알아볼까요?

공간이 필요해

캐나다에서 모르는 사람의 몸에 손을 대거나 부딪치는 것은 매우 실례되는 행동이에요. 미국 사람들은 서로 부딪치는 것을 싫어하여 항상 '익스큐즈 미Excuse me!'라는 말을 하는데, 이런 관습은 캐나다에서도 마찬가지예요.

캐나다 사람들은 다른 사람과 부딪치거나 스치는 것 자체를 매우 싫어해요. 심지어 다른 사람 앞에 서거나 바짝 옆에 붙어 서 있는 것도 예의에 어긋나는 행동이에요. 그래서 복잡한 차 안에서도 '익스큐즈 미!'라고 말하면 다들 알아서 비켜 준다고 해요.

또 캐나다에서 특히 조심해야 할 것은 어린아이의 머리를 쓰다듬는 행동이에요. 우리나라에서는 거리를 가다가도 귀여운 아이를 보면 다가가서 머리를 쓰다듬거나 손을 만지는 경우가 있는데, 캐나다에서는 불쾌하게 생각하기 때문에 절대 해서는 안 될 행동이에요. 캐나다에서 예쁜 아이를 보면 그냥 눈으로만 보고 칭찬하는 것이 좋아요.

캐나다에서는 술을 마시지 않는 게 편해

캐나다는 술에 대한 규제가 아주 엄격한 나라예요. 슈퍼에서도 맥주 이외에는 술을 구입하기가 쉽지 않아요. 당연히 공공장소에서 술을 마시는 것도 금지예요. 쉽게 말해, 지붕이 없는 곳에서 술을 마시는 것은 불가능하다고 보면 돼요. 식당에서도 허가된 곳에서만 마실 수 있어요.

뚜껑이 열린 술병을 가지고 차를 타면 처벌을 받을 수가 있는 곳이 캐나다예요. 차뿐만 아니라 비행기, 열차 등에서도 개봉된 술을 가지고 타는 것은 금지되어 있어요. 이런 엄격한 술 문화가 있다 보니, 과음이나 술주정을 하는 것도 용납이 안 되는 사회랍니다.

화장실에서 노크하면 오히려 실례

캐나다에서는 좀 독특한 화장실 예절이 있어요. 캐나다 사람들은 볼일을 보고 나오면서 화장실 문을 열어 둔다고 해요. 만약 화장실 문이 닫혀 있으면 그건 누군가가 사용하고 있다는 뜻이에요. 그래서 캐나다에서는 화장실에서 노크를 하면 안 돼요. 오히려 노크를 하는 것이 실례되는 행동이지요.

우리나라와는 좀 다른 모습이지요? 우리나라에서는 화장실을 사용하고 나서 문을 열어 두는 것은 좋지 못한 행동이라고 생각해요. 또 화장실을 사용할 때는 안에 사람이 있는지 확인하기 위해 먼저 노크를 해야 하지요.

  전통적으로 우리나라는 화장실을 더럽다고 여겨 생활공간에서 멀리 떨어뜨려 놓았어요. 현대에 와서는 편의를 위해 화장실을 집

안에 두고 있지만 화장실은 생활공간과 멀리 떨어져 있어야 한다는 생각은 변함이 없어요. 또한 화장실 문은 항상 닫아 두어야 하고요.

담배 피울 때도 조심

캐나다에서는 흡연 구역과 금연 구역이 엄격하게 구분되어 있어요. 실내에서는 대부분 금연이고, 버스 정류장도 지붕이나 유리벽이 있으면 금연 구역이에요. 만약 금연 구역에서 담배를 피우다 걸리면 비싼 벌금을 내야 해요.

캐나다는 식당도 흡연석과 금연석이 따로 있고, 심지어 호텔도 흡연실이 따로 있어요. 그래서 담배를 피우는 사람들은 호텔에 투숙할 때 흡연실이 있는지부터 먼저 물어봐야 해요.

요즘은 건강 때문에 세계적으로 금연 열풍이 불고 있는데, 캐나다에서는 금연 자판기까지 등장했어요. 금연 자판기는 돈 대신 담배를 넣으면 사탕이나, 볼펜, 과자 등이 나오는 기계예요.

기침을 하면 '블레스 유 Bless you!'

캐나다에서는 상대방이 기침을 하면 '블레스 유!'라고 말해 주는 것이 예의예요. 이 말은 '신의 축복이 있기를!' 하는 의미를 담고 있어요. 또 누군가가 '블레스 유!'라고 말해 주면 '땡큐!'라고 답하는 것이 예의라고 해요.

이런 인사말은 캐나다뿐만 아니라 미국에서도 마찬가지예요. 기침을 했는데 왜 이런 인사를 하는 걸까요? 여기에는 몇 가지 유래가 있어요.

옛날에 유럽에서는 기침을 하면 몸 안에 있던 악한 기운이 몸 밖으로 나가는 것으로 생각했어요. 그래서 기침을 할 때마다 주위 사람들에게 축복을 받았는데, 그 인사에서 유래되었다고 보고 있어요.

다른 나라는 예전에 유럽 인구를 반으로 감소시킨 흑사병 때문에 유래된 말이라고 보고 있어요. 당시 흑사병은 걸리기만 하면 바로 죽음으로 가는 무서운 병이었어요. 흑사병은 감기 증상과 비슷했기 때문에 많은 사람이 기침을 했어요. 그 당시 교황은 기침을 하는 많은 사람에게 하느님의 은총을 기원해 주라고 했는데, 그것이 지금의 '블레스 유!'가 되었다는 거예요.

꼼꼼 에티켓 노트

▶ 캐나다에서는 공식적인 자리나 레스토랑, 연주회 등에 갈 때 정장 차림을 하는 것이 예의예요.

▶ 캐나다 사람들은 시간관념이 철저하기 때문에 약속을 하면 시간을 정확하게 지키는 것이 좋아요.

▶ 미국 사람들과 마찬가지로 개인적인 질문은 하지 않는 것이 예의예요.

▶ 팁 문화가 발달했기 때문에 호텔이나 민박집에서도 팁을 놓고 나가는 것이 좋아요.

세계 최강의 나라, 미국

공식 명칭 아메리카합중국
수도 워싱턴
국토 9,826,675㎢(대한민국 : 100,363㎢)
인구 331,000,000명
언어 영어
종교 개신교, 가톨릭

자유의여신상

미국으로 출발

미국은 300년이 안 되는 역사를 지닌 나라지만 짧은 기간에 가장 큰 발전을 이루었고, 지금은 세계에서 가장 강한 힘을 가진 나라가 되었어요.

미국은 개인의 자유와 평등을 최대한 존중할 뿐 아니라 최선의 가치로 여기고 있어요. 아마도 이런 자유와 평등 정신이 오늘날 미국이 짧은 기간에 세계의 강대국으로 발전한 원동력이 되었다고 볼 수 있어요.

또 미국은 우리나라와 매우 밀접한 관계를 맺고 있는 나라이기도 해요. 한국전쟁 당시 많은 도움을 주었고, 휴전선을 사이에 두

고 북한과 대치하고 있는 상황에서 지금도 많은 미군이 우리나라에 주둔하면서 군사력을 보충해 주고 있어요.

콜럼버스가 아메리카 신대륙을 발견한 이후 많은 유럽 사람들이 신대륙에 발을 들여놓았어요. 당시 영국은 막강한 힘을 바탕으로 미국의 여러 지역을 식민지로 삼았고, 유럽의 다른 나라들도 식민지 건설에 참여했어요. 그런데 18세기에 이르러 미국에 살고 있던 많은 이주민이 영국의 식민정책에 불만을 품고 독립을 요구했어요. 그 결과 전쟁이 일어났고, 마침내 미국은 1776년 독립을 이루었어요.

독립 이후 미국은 유럽의 나라들이 갖고 있던 식민지들을 차례로 합병했고, 개척 정신과 자유와 평등 정신을 실현하며 나라의 기틀을 굳건하게 다졌어요. 다양만 민족, 문화, 종교적 갈등을 자유와 평등 정신으로 극복하고 하나의 미국을 건설하게 된 거지요.

미국 사람들은 평등 의식이 강하고, 약속을 잘 지키며, 전통과 개인 관계를 중요시하며, 개인 사생활을 무엇보다 존중하는 사람들이에요. 그럼, 미국에는 어떤 에티켓이 있는지 알아볼까요?

미국식 인사는 가볍게 악수

미국 사람들도 유럽의 영향을 받아서 처음 만난 사이에서는 가볍게 악수를 해요. 단, 악수를 하면서 자신의 이름을 말하는 것은 기본이에요. 이름을 말하지 않고 악수하는 것은 실례되는 행동이에요. 우리나라에서는 연장자나 지위가 높은 사람과 악수할 때 허리를 굽히는 경우가 있는데, 미국에서는 허리를 굽히지 않고 항상 상대방의 눈을 바라보면서 한 손으로 악수를 해요.

유럽에서는 친한 사이일 경우 악수 뒤에 포옹이나 볼 키스를 하는데, 미국 사람들은 그런 인사는 잘 하지 않아요. 하지만 인사가 언제나 생활화되어 있는 민족이라고 할 수 있어요. 호텔이나 엘리

베이터, 거리에서 미국 사람들을 만나면 가볍게 인사하는 것이 예의예요.

미국도 '레이디 퍼스트'

미국도 유럽 나라들처럼 여성이 매우 존중을 받는 나라예요. '레이디 퍼스트'가 생활화되어 있다고 할 수 있어요.

엘리베이터에 여성이 타고 있으면 남성은 모자를 벗는 것이 예의예요. 그리고 차를 타거나 내릴 때 여성을 돕고, 여성이 짐을 들지 않도록 하는 것도 기본 예의라고 해요. 이처럼 미국에서는 어딜 가든 항상 여성을 존중하는 태도를 습관처럼 가져야 해요.

피해를 주었다면 곧바로 사과해야

미국에서는 실수로 상대방에게 피해를 주었을 때나 거리를 지나가다 상대방과 몸을 부딪쳤을 때 반드시 사과하는 것이 예의예요. 이런 태도는 상대방의 사생활을 존중해 주는 풍습에서 나온 행동이에요. 사생활을 존중해 준다는 것은 상대방에게 어떤 피해도 주지 않는 것을 의미해요. 남에게 피해를 주었을 때는 반드시 곧바로 사과하는 것이 미국 사람들의 예의예요.

만약 사과를 하지 않아 불쾌하게 느낀 상대방이 신고를 하면 처벌을 받을 수 있는 곳이 미국이에요. 그러니까 미국에서는 아주 작은 경우라도 피해를 주었다면 곧바로 '익스큐즈 미!' 하고 사과하는 게 좋아요.

식사할 때도 각자 따로

미국 사람들의 사생활 존중 정신은 식탁에서도 마찬가지예요. 다른 나라의 경우 큰 접시에 음식이 나오면 개인 접시에 조금씩 덜어서 먹는 것이 일반적인데, 미국에서 이런 모습은 무례한 행동이에요. 미국에서는 처음부터 음식이 개인 접시에 따로 나오게 주문하는 것이 좋아요. 개인의 취향과 입장을 철저하게 배려하는 행동이지요.

또 식사 도중에 아무런 대화 없이 먹기만 하는 것도 실례되는 행동이에요. 식사할 때 팔꿈치를 식탁 위에 올려놓아서도 안 돼요. 유럽 사람들의 식탁 예절과 비슷하지요.

또한 식사 도중에 기침이나 재채기, 트림을 하는 것은 매우 실례되는 행동이에요. 이럴 때는 반드시 '익스큐즈 미!' 하고 사과하는 것이 좋아요. 보통 유럽 사람들처럼 미국 사람들도 식사 도중에 코를 푸는 행동에 대해서는 관대한 편인데, 좋은 모습은 아니므로 삼가거나 자리를 옮겨서 하는 것이 좋아요.

꼼꼼 에티켓 노트

▶ 미국에서 신발을 신는 것은 옷을 입는 것의 한 부분이라 생각하므로 집 안에서도 신발은 벗지 않아요.

▶ 미국에서는 줄 서기가 생활화되어 있으므로 절대로 새치기를 해서는 안 돼요.

▶ 몸이 비틀거릴 정도로 술을 마시면 비난을 받아요.

▶ 식당에서 노래를 부르거나 소란을 피우는 행동은 절대 금기 사항이에요.

고대 문명이 시작된 나라, 멕시코

공식 명칭 멕시코합중국
수도 멕시코시티
국토 1,964,375㎢(대한민국 : 100,363㎢)
인구 128,930,000명
언어 에스파냐어
종교 가톨릭

멕시코시티의 국립궁전

멕시코로 출발

멕시코는 고대 문명의 발상지로, 페루와 더불어 아메리카 대륙에서 가장 오랜 역사를 지닌 나라예요.

멕시코 땅에는 2만 년 전에 인류가 살았던 흔적이 있었다고 해요. 또 훌륭한 문명이 탄생하여 도시를 건설하는 등 화려한 문화의 꽃을 피웠어요. 특히 마야문명은 지금의 멕시코 남동부와 과테말라 등을 중심으로 번영한 고대 문명인데, 기원전에 이미 태양이나 달의 운행에 관한 상세한 자료를 가지고 있을 정도로 고도로 발달한 문명이었다고 해요.

아메리카 대륙의 많은 나라들이 초기에는 유럽 강대국들의 식민지였는데, 멕시코도 16세기에는 스페인의 식민지

전통 의상을 입은 멕시코 남자

멕시코 대성당

피라미드 유적인 테오티우아칸

였어요. 스페인이 멕시코를 점령하기 전, 이곳은 아스텍 제국이 오랜 세월 통치하고 있었어요. 아스텍 제국은 도시를 세우고 문화의 꽃을 활짝 피웠지만 1521년 스페인 탐험가 에르난 코르테스에게 정복당하고 말았어요.

코르테스는 아스텍의 수도인 테노치티틀란에 현재 멕시코의 수도인 멕시코시티를 세웠어요. 그러다가 19세기 초에 멕시코는 스페인으로부터 독립할 수 있었어요. 멕시코의 수도인 멕시코시티는 일본 도쿄와 더불어 세계에서 가장 큰 도시로 알려져 있어요. 큰 도시인만큼 인구도 굉장히 많아서 도시 빈민 문제가 사회적으로 큰 문제가 되고 있어요.

멕시코 사람들은 대체로 낙천적이고, 친절하며, 정열적인 국민성을 지니고 있어요. 국민의 5분의 3은 백인과 인디언의 혼혈이라서 인디언 문화와 백인 문화가 복잡하게 섞여 있어요. 멕시코는 많은 농작물들이 생산되는 원산지로도 유명해요. 옥수수, 땅콩, 깨, 감자, 고구마, 고추 등이 멕시코에서 생산되어 세계로 수출되는 농작물이에요. 이 중에는 우리나라에 수입되는 농산물도 많아요. 그럼, 멕시코에는 어떤 에티켓이 있는지 알아볼까요?

악수는 힘 있게

멕시코 사람들은 처음 만났을 경우에는 정중하게 악수를 해요. 남녀 사이에는 악수보다는 가볍게 고개를 숙여 인사를 하고, 여성끼리는 볼 키스를 한답니다.

그런데 악수할 때 한 가지 주의해야 할 점이 있어요. 멕시코 사람들은 악수를 할 때 힘 있게 잡지 않고 살며시 잡았다가 놓으면 믿지 못할 사람이라고 생각해요. 그러니까 멕시코 사람들과 악수할 때는 정중하면서도 힘 있게 손을 잡아야 해요. 이런 악수는 스페인의 영향을 받은 결과예요. 나라마다 악수할 때 가볍게 잡기도 하고, 강하게 잡기도 하니까 외국을 방문할 때는 그 나라의 악수 방법을 정확하게 알고 가는 것이 중요해요.

멕시코 사람들과 처음 만난 자리에서는 멕시코 말로 인사하는 것이 좋아요. 성의도 있어 보이고 훨씬 친근하게 느끼기 때문이지요. 또 몇 번 만난 사이라면 가족의 안부를 묻는 것이 예의예요.

초대를 받아 파티에 참석할 때는 주인이나 다른 손님들에게 먼저 인사를 하는 것이 예의예요. 아는 사람이 있다고 해서 먼저 그 사람에게 가는 것은 실례되는 행동이에요. 그리고 파티가 끝나고 돌아갈 때는 참석한 모든 사람에게 인사하는 것이 예의랍니다.

내 잘못이 아니야

멕시코 사람들은 웬만해서는 자신의 잘못을 인정하지 않아요. 왜냐하면 자신의 잘못을 인정하는 것을 수치로 여기기 때문이에요. 그것은 오랫동안 식민지 생활을 한 데서 원인을 찾을 수 있어요. 스페인 식민지 시대에는 자신의 잘못을 인정하면 엄청난 피해를 당했다고 해요. 그런 까닭에 좀처럼 자신의 잘못을 인정하지 않는 풍습이 생긴 거예요. 따라서 멕시코 사람들이 어떤 잘못을 저질렀다 하더라도 바로 지적하고 추궁하는 것은 옳지 않아요. 상대방의 기분을 상하지 않게 배려해 주면서 인내심을 가지고 풀어 나가는 것이 좋아요.

음식은 느긋하게

멕시코 사람들의 식사 시간은 무척 길어요. 왜냐하면 음식을 먹을 때 매우 천천히 먹기 때문이에요. 이런 습관은 멕시코 사람들의 낙천적이고 느긋한 성격 탓이기도 해요. 그래서 멕시코 사람들과 식사할 때는 최대한 천천히 먹는 것이 좋아요.

음식을 먹을 때 쩝쩝 소리를 내는 것은 아주 실례되는 행동이에요. 소리를 내며 음식을 먹으면 교양 없는 사람이라고 생각하기 때문이지요.

식사 도중에는 양손이 보이도록 해야 하고, 포크나 나이프를 사용하지 않을 경우에는 손목을 식탁의 가장자리에 가볍게 올려놓는 것이 예의예요. 또 식사를 한 뒤 소리 나게 트림을 하는 것도 매우 실례되는 행동이에요.

꼼꼼 에티켓 노트

▶ 주머니에 손을 넣고 이야기하거나 걷는 것은 무례한 행동이에요. 엉덩이 근처에 손을 얹으면 도전을 의미하는 것이기 때문에 주의해야 해요.

▶ 상대방의 부탁이나 요청을 바로 그 자리에서 거절하는 것은 무례한 행동이에요.

▶ 멕시코 인디언들은 사진을 찍으면 영혼을 빼앗긴다고 생각하기 때문에 사전에 반드시 양해를 구하고 찍어야 해요.

▶ 남의 가정을 방문했을 때 주인의 안내 없이 집 안을 둘러보는 것은 무례한 행동이에요.

축구의 나라, 브라질

공식 명칭 브라질연방공화국
수도 브라질리아
국토 8,514,877㎢(대한민국 : 100,363㎢)
인구 212,550,000명
언어 포르투갈어
종교 가톨릭

리우데자네이루의 구세주 그리스도상

브라질로 출발

　브라질은 우리에게 축구로 잘 알려진 나라예요. 축구 황제라고 불리는 펠레가 태어난 곳이고, 세계인의 축제인 월드컵에 한 번도 빠지지 않은 유일한 나라가 바로 브라질이에요. 또 연예인이나 정치가들보다 축구 선수가 더 우대를 받기도 해요. 그만큼 브라질은 축구와는 떼려야 뗄 수 없는 곳이지요.

　브라질은 16세기 초부터 포르투갈의 식민지가 되었어요. 포르투갈은 커피, 사탕수수 등을 재배하기 위해 브라질로 아프리카 흑인들을 강제로 이주시켜 일을 시켰어요. 이후 많은 이민자들이 들어와 브라질은 다양한 민족이 혼합되어 살게 되었어요. 아직도 전체 인구는 유럽계 백인들이 많긴 하지만 적극적인 혼혈 정책으로 인구의 40퍼센트가 혼혈인이에요.

브라질 상하 양원

브라질 사람들은 매우 낙천적이고 자유분방한 생활을 하는 편이에요. 그런 성격 탓에 시간관념이나 준법정신이 부족하기도 하지만, 반대로 생각하면 여러 민족이 아무런 갈등 없이 살 수 있는 이유이기도 해요.

　브라질은 국토의 5분의 3이 삼림으로 덮여 있고, 농사를 지을 수 있는 땅은 얼마 되지 않지만 풍부한 자원이 땅속에 묻혀 있어요. 국민들의 낙천적인 성격 탓에 아직 개발은 많이 이루어지지 않았지만, 풍부한 자원을 바탕으로 발전 가능성이 큰 나라 중 하나예요. 그럼, 브라질에는 어떤 에티켓이 있는지 알아볼까요?

브라질리아 대성당

약속을 하면 인내가 필요하다

　브라질 사람들은 약속이나 시간관념이 정확하지 않아요. 그런 까닭에 브라질에서는 약속 시간에 늦었다고 화를 내서는 안 돼요. 브라질 사람들은 낙천적인 성격이라서 으레 그럴 수도 있다고 여기기 때문이에요. 브라질 사람과 약속을 했다면 인내심을 가지고 느긋하게 기다리는 게 좋아요.

브라질 사람들이 얼마나 느긋한지는 관공서나 은행 같은 곳을 가 봐도 알 수 있어요. 우리나라처럼 바쁘게 움직이는 사람들은 전혀 찾아볼 수가 없어요.

집으로 초대를 받았을 때도 약속 시간보다 일찍 가서는 안 돼요. 초대한 사람도 준비할 시간이 필요할 테니 조금 늦게 도착하는 것이 예의예요.

회의를 하다가도 가정 문제 때문에 중단되기도 하는데, 브라질 사람들은 이런 것도 모두 신의 뜻이라고 생각해요. 모든 것에 느긋하고 여유로운 마음을 갖고 있기 때문이지요. 따라서 브라질 사람들에게는 약속을 어기거나 회의가 중단되는 일이 있어도 전혀 문제가 되지 않아요.

인사성이 밝은 민족

브라질 사람들은 인사성도 매우 밝은 민족이에요. 공공장소나 길거리에서 모르는 사람과 마주쳐도 반갑게 인사를 해요. 그럴 때는 가볍게 답례하는 것이 예의예요.

남성들은 만나면 악수를 한 뒤, 포옹을 하거나 등을 두드려 주기도 해요. 반갑다는 표현을 그렇게 하는 거예요. 여성끼리는 얼굴을 맞대고 볼 키스를 해요. 남성이 여성에게 인사할 때도 마찬가지예요.

여러 명이 모인 자리에서도 브라질 사람들은 일일이 악수를 해요. 또 인사할 때 가족이나 배우자의 안부를 묻는 경우가 많은데, 사생활에 관한 질문이라고 불쾌하게 생각해서는 안 돼요. 브라질 사람들은 가족을 소중히 생각하기 때문에 인사할 때 자연스레 안부를 묻는 습관이 있어요. 브라질에서는 오히려 그런 안부를 묻지 않으면 예의에 어긋나는 거예요.

형식은 중요하지 않아

브라질 사람들은 격식을 차리는 데 익숙하지 않아요. 그 덕분에 쉽게 친해질 수 있기도 해요.

옷차림도 편안한 복장을 선호하는 편이에요. 특별히 정장을 입어서 격식을 차려야 하는 자리가 아니라면 대부분 편안하게 옷을 입는다고 해요.

브라질 사람들의 옷 입는 습관 때문에 가끔 다른 나라 사람들이 실수를 하는 경우도 있어요. 사람들은 상대방의 옷차림을 보고 그 사람을 평가하는 경우가 많지만 브라질에서는 편안한 복장을 했다고 해서 그 사람을 함부로 판단해서는 안 돼요. 큰 회사 사장님이나 정치인도 옷은 편안하게 입고 다니는 경우가 많기 때문이지요.

낯선 사람이 말을 걸어도 놀라지 마

브라질 사람들은 대화하는 것을 좋아하는 민족이에요. 모르는 사람과도 쉽게 이야기를 나누는 편이에요. 따라서 공공장소에서 모르는 사람이 말을 걸어도 화들짝 놀라서는 안 돼요. 게다가 대화 도중에 어깨를 두드리거나 팔을 잡아도 놀랄 필요가 없어요. 이런 스킨십은 브라질 사람들에게는 아주 자연스러운 행동이에요. 그리고 대화할 때 거리를 두면 오해할 수도 있기 때문에 항상 가깝게 마주 보며 이야기하는 것이 좋아요.

또 공공장소에서 다른 사

람이 가까이 다가와도 놀랄 필요가 없어요. 브라질 사람들은 미국이나 캐나다 사람들처럼 사생활이나 개인적인 공간에 대해 그다지 신경을 쓰지 않아요. 미국이나 캐나다 사람들은 다른 사람이 자기 앞을 지나가거나 실수로 조금만 부딪쳐도 언제나 '익스큐즈 미!' 하고 말해야 하는데, 브라질에서는 전혀 그럴 필요가 없어요.

꼼꼼 에티켓 노트

▶ 브라질에서 자주색 선물이나 포장은 하지 말아야 해요. 왜냐하면 브라질에서 자주색은 죽음을 상징하기 때문이에요.

▶ 선물을 받았을 경우에는 감사 인사를 하고, 상대방에게 물어본 뒤 열어 보는 것이 예의예요.

▶ 브라질 사람들에게 축구를 좋아하느냐는 질문은 가장 바보 같고 실례되는 질문이에요.

탱고의 나라, 아르헨티나

공식 명칭 아르헨티나공화국
수도 부에노스아이레스
국토 2,780,400㎢ (대한민국 : 100,363㎢)
인구 45,190,000명
언어 에스파냐어
종교 가톨릭

아르헨티나 대통령궁

아르헨티나로 출발

아르헨티나는 탱고와 목축업, 그리고 축구로 유명한 나라예요. 아르헨티나 사람들은 브라질만큼이나 축구를 좋아해요. 탱고는 아르헨티나에서 발생해서 전 세계로 퍼진 아주 경쾌한 춤곡인데, 그 기원이나 변천에 대한 확실한 기록은 없어요. 부에노스아이레스 서쪽 지역에 있는 '보카'라는 작은 항구는 탱고의 발상지로 매우 유명한데, 이곳 광장의 야외무대에서는 언제나 무료로 탱고 콘서트가 열린다고 해요.

아르헨티나는 남아메리카 대륙에서 브라질 다음으로 큰 나라예요. 이곳은 16세기에 스페인의 식민지가 되었는데, 이후 많은 이민자들이 모여서 나라를 세웠어요. 아르헨티나는 19세기 초에 스페인으로부터 독립했고, 목축업과 풍부한 자원을 이용하여 20세기 초까지는 부유하게 살았어요. 1900년대 초에 이미 지하철을 건설했을 정도로 발전했는데, 이후 지도자의 무

야외무대에서 탱고를 추는 커플 한 쌍

능과 부정부패로 나라의 경제가 밑바닥까지 추락하고 말았어요. 지금도 아르헨티나 경제는 어려운 상황이라고 해요.

아르헨티나 사람들은 비교적 성격이 온순한데, 이해관계를 따질 때만큼은 매우 치밀하게 계산을 한다고 해요. 하지만 모든 일에 대체로 느긋하고 낙천적인 성격이에요. 느긋한 탓에 일은 느린 편이지만 맡은 일은 완벽하게 처리한답니다.

전통악기를 연주하는 어린이들

아르헨티나는 스페인 식민지의 영향으로 스페인의 문화를 많이 계승했지만 다른 유럽 나라의 문화도 섞여 있어요. 특히 수도인 부에노스아이레스는 '남미의 파리'라고 불릴 만큼 가장 유럽적인 곳이기도 해요. 문화 수준이 비교적 높은 편이고, 프랑스 파리 스타일의 거리와 건축물이 많이 있어요. 그럼, 아르헨티나에는 어떤 에티켓이 있는지 알아볼까요?

아르헨티나 사법궁

아르헨티나에서도 시에스타는 중요해

아르헨티나 사람들도 유럽의 영향을 받아 시에스타를 즐겨요. 보통 나라마다 시에스타를 즐기는 시간이 다른데, 아르헨티나는 오후 1시에서 5시 사이에 시에스타를 즐긴다고 해요.

아르헨티나 사람들은 시에스타를 매우 중요하게 생각하기 때문에 이 시간에 떠들며 돌아다니는 것은 매우 실례되는 행동이에요.

아르헨티나 사람들은 시에스타가 끝나면 전통 차인 '마테 차'를 마셔요. 마테 차는 빨대를 이용해서 마시는데, 친한 사이에는 빨대를 돌려가면서 마시기도 해요. 이런 행동은 친분을 확인하는 것이기 때문에 불결하다고 사양하는 것은 예의에 어긋나는 행동이에요.

시에스타가 있는 나라들은 보통 저녁 식사 시간이 늦는데, 아르헨티나도 레스토랑 같은 곳은 밤 9시에 장사를 시작해서 새벽까지 운영해요. 우리가 깊은 잠에 빠져 있는 밤 12시가 이 나라에서는 한창 즐거운 시간인 셈이지요.

장례식 때 박수를 친다니

아르헨티나에서 장례식장을 가면 독특한 장면을 보고 깜짝 놀랄 수 있어요. 장례식장에서 박수를 치기 때문이에요. 아르헨티나 사람들은 죽음이 하느님 곁으로 가는 축복이라고 생각하기 때문에 박수로 죽은 사람을 보내 주는 풍습이 있어요.

장례식장에서 박수를 치는 것은 우리에게는 조금 이해하기 어려운 풍습이지요. 사람이 죽으면 좋은 곳으로 가기를 바라는 마음은 있지만 박수를 치며 축복하지는 않으니까요. 아르헨티나에 이런 풍습이 생긴 것은 죽음에 대해 너무 슬퍼하지 않으려는 생각 때문일 거예요. 죽음을 그 사람의 운명이라고 생각하고, 긍정적인 의미에서 바라보는 거지요.

식사가 끝났다면 포크와 나이프는 열십자로

아르헨티나는 목축업이 발달한 덕분에 세계 최대의 소고기 생산국 중 하나로 알려져 있어요. 아르헨티나 사람들이 주로 먹는 음식도 소고기예요. 아르헨티나의 대표 음식은 '아사도'라는 것인데,

아사도는 소고기에 소금을 뿌려 숯불에 통째로 구운 음식이에요.

아르헨티나 사람들은 고기를 주로 먹기 때문에 항상 나이프와 포크를 사용해요. 그런데 아르헨티나에서는 나이프와 포크를 열십자(+) 형태로 놓으면 식사를 마쳤다는 뜻이에요. 그럴 때는 더 이상 음식을 권해서는 안 돼요.

고기를 주로 먹는데도 아르헨티나 사람들이 날씬하고 건강을 유지할 수 있는 것은 그들이 즐겨 먹는 전통 차 '마테 차' 때문이라고 해요.

꼼꼼 에티켓 노트

▶ 아르헨티나 사람들은 선물을 주고받기 좋아해요. 아르헨티나에서는 수입하는 술에 세금을 높게 부과하기 때문에 위스키(양주)를 선물하면 좋아해요. 하지만 칼은 단절을 의미하므로 선물하지 않아요.

▶ 아르헨티나에서는 파티에 초대를 받으면 30분 정도 늦게 도착하는 것이 예의예요.

▶ 복장으로 사람을 평가하는 편이므로 근무 시간이나 저녁 시간에는 정장을 하는 것이 좋아요.

▶ 사람들 앞에서 하품을 하거나 거리에서 음식을 먹는 것은 무례한 행동이에요.

이집트

남아프리카공화국

제4장

아프리카로 출발!

피라미드와 스핑크스의 나라, 이집트

공식 명칭 이집트아랍공화국
수도 카이로
국토 1,001,450㎢(대한민국 : 100,363㎢)
인구 102,330,000명
언어 아랍어
종교 이슬람교

이집트로 출발

이집트는 나일강을 중심으로 한 고대 문명의 발상지이자, 가장 오랜 문명을 지닌 나라예요. 또 아프리카에 속해 있지만 유럽과 아시아에도 가까이 위치해 있기 때문에 다양한 문명과 관계를 맺어 왔어요. 그래서 이집트를 '인류 문명의 보물 창고', 또는 '세계의 박물관'이라고 부르기도 해요.

문명의 발상지답게 이집트는 일찍이 왕이 통치하는 큰 나라를 이루었어요. 이 시기에는 왕을 '파라오'라고 불렀는데, 피라미드나 스핑크스 같은 유적이 모두 이 시기에 만들어졌어요.

하지만 이집트는 기원전 4세기경부터 외부 세력에 의해 줄기차게 정복당했어요. 오랫동안 로마의 지배를 받았고, 근대에는 프랑스와 영국의 지배를 받다가 1922년에 겨우 독립을 이루었어요. 독

립한 뒤에도 이집트는 한동안 왕이 다스렸는데, 1952년에 이르러 왕정을 폐지하고 공화국이 되었어요.

흔히 이집트를 '나일강의 선물'이라고 해요. 국토의 90퍼센트가 사막임에도 풍요로운 나일강 덕분에 나라가 발전할 수 있었기 때문이에요.

이집트 사람들도 중동 지역의 다른 나라들처럼 대부분 이슬람교를 믿고 있으며, 성격은 상당히 낙천적이에요. 반면 이슬람교 국가이지만 여성들이 히잡을 쓰지 않는 경우가 많아요. 다른 이슬람교 국가보다는 개방적인 편이에요.

이집트는 잘사는 나라는 아니지만 문명의 발상지답게 역사에 대한 자부심이 대단하고, 다른 종교와 외국인들에게도 너그러운 나라예요. 그럼, 이집트에는 어떤 에티켓이 있는지 알아볼까요?

인사는 양 볼에 키스

이집트 사람들은 친절하고 명랑한 성격을 지녔기 때문에 인사할 때도 다른 나라에 비해 친밀감을 나타내는 행동을 더 많이 해요.

처음 만나는 사람에게는 반갑게 악수를 하지만 어느 정도 아는 사이라고 생각하면 양 볼에 쪽쪽 키스를 해요. 더구나 아주 친한 사이라면 양 볼에 키스를 한 번 더 하는 풍습이 있어요. 그러니까 총 네 번의 키스를 하는 거지요.

한 가지 주의할 점은 이런 인사는 남성끼리, 혹은 여성끼리만 하는 인사예요. 남성과 여성 사이에 이런 인사는 하지 않아요. 그런데 인사가 여기서 끝나지 않아요. 양 볼에 키스를 한 뒤, 악수를 하면서 지루하다 싶을 정도로 길게 안부를 물어요. 그만큼 상대방에 대한 친밀감을 인사로 다 표현한다고 볼 수 있어요. 다른 사람을 기분 좋게 하는 이집트 사람들만의 인사법이지요.

이집트 소녀들

손님에게는 최상의 접대

이집트 사람들은 손님을 아주 반갑게 맞이하는 풍습이 있고, 집으로 초대하는 것도 좋아해요. 초대와 방문은 이집트 사람들의 중요한 교제 수단이기 때문에 집에 손님을 초대하면 늘 최상의 접대를 하는 것이 기본적인 예의예요.

　손님이 남성인 경우에는 남편이 접대하고, 여성인 경우에는 아내가 맞이해서 접대해요. 남성 손님이 집 안의 여성에게 직접 이야기하는 것은 실례되는 행동이에요.

보통은 점심때 초대하는 경우가 많은데, 저녁 시간은 가족과 함께 식사하는 것이 관습이기 때문이에요. 따라서 손님을 초대할 경우에도 점심때 초대하는 것이 이집트 사람들에 대한 예의예요.

혹시 이집트 사람의 집을 방문하여 눈에 띄는 물건이 있어도 세 번 이상 칭찬하는 것은 삼가야 해요. 이 나라 사람들은 세 번 이상 칭찬하면 달라는 뜻으로 받아들이기 때문이에요. 또 상대방 부인에 대해 아름답다는 말도 하지 말아야 해요. 이 말은 놀랍게도 상대방 부인을 갖고 싶다는 의미로 받아들이기 때문이에요.

꼼꼼 에티켓 노트

▶ 이집트에서 이슬람교를 비난하거나 다른 종교를 선교하는 것은 금기 사항이에요.

▶ 이집트 여성과 대화할 때에는 상대방이 불쾌하게 여기지 않도록 주의해야 해요. 잘못하면 경찰이 출동할 수도 있어요.

▶ 여성 관광객의 경우 노출이 심한 복장은 삼가야 해요.

▶ 차나 음료를 줄 때 거절하는 것은 실례되는 행동이에요.

▶ 초대를 받으면 작은 선물을 준비해 가는 것이 좋아요.

보석의 나라, 남아프리카공화국

공식 명칭 남아프리카공화국
수도 프리토리아(행정), 케이프타운(입법), 블룸폰테인(사법)
국토 1,219,090㎢ (대한민국 : 100,363㎢)
인구 59,300,000명
언어 아프리칸스어, 영어
종교 개신교, 가톨릭

넬슨 만델라 동상

남아프리카공화국으로 출발

남아프리카공화국은 아프리카 최남단에 위치해 있고, 세계 최대 금 생산지로 알려진 나라예요. 금 외에도 다이아몬드나 광물자원이 풍부하기 대문에 흔히 '보석의 나라'라고 표현하기도 해요.

남아프리카공화국은 과거에 심각한 '인종차별 정책'을 펼쳤어요. 국민의 대부분은 흑인이지만 사회를 이끌어 가는 지도층은 소수의 백인들이라 흑인에 대한 차별이 아주 심했어요.

남아프리카공화국은 1800년대 초부터 영국의 식민지가 되었다가 1910년경에 주변 몇 개의 나라가 모여 하나의 독립된 나라를 이루었어요. 그런데 1950년대부터 백인 정부가 흑인에 대한 강력한 인종차별 정책을 시행했고, 그로 인해 세계적으로 많은 비난을 받았어요.

1991년에 이르러서야 백인 정부는 인종차별 정책을 폐지했어요. 또 흑인의 인권을 위해 투쟁하던 넬슨 만델라가 1994년 총선거에서

대통령에 당선되었어요. 이때부터 흑인과 백인 사이의 갈등이 점차 사라지게 되었고, 용서와 화해로 화합과 평화를 이루어 나가려고 노력하고 있어요.

하지만 남아프리카공화국은 아직도 많은 문제점을 안고 있어요. 인종에 대한 편견은 완전히 사라지지 않았고, 흑인들의 삶이 많이 좋아지긴 했지만 여전히 대다수의 흑인들이 빈곤한 삶을 살고 있기 때문이에요.

여러 문제점이 있지만 남아프리카공화국은 오염되지 않은 자연과 풍부한 자원, 선진국의 문화와 아프리카의 문화가 공존하는 매력적인 나라라고 할 수 있어요. 그럼, 남아프리카공화국은 어떤 에티켓이 있는지 알아볼까요?

엄지손가락을 맞대고 세 번 악수

남아프리카공화국 사람들은 가벼운 인사가 생활화되어 있어요. 흑인과 백인 간에도, 처음 만나는 사람들에게도 가볍게 웃거나 인사해요. 만나고 헤어질 때는 항상 악수를 하고, 가족의 안부를 묻는 등 인사가 상당히 긴 것이 특징이에요.

백인들은 흔히 악수를 하지만 흑인들은 좀 독특한 인사법이 있어요. 지방에서는 친한 흑인끼리 악수를 하고 나서 엄지손가락을 맞대고, 손을 돌려가며 세 번 악수를 한다고 해요.

또 연인 사이가 아니더라도 가족끼리, 또는 동료 사이에도 가볍게 키스를 하는 인사법이 있어요. 이런 인사는 반갑다거나 친밀감을 표시하는 행동이니까 키스를 한다고 해서 상대방이 자신을 좋아한다고 착각해서는 안 돼요.

꽃을 함부로 꺾어서는 안 돼

남아프리카공화국은 생태계 보전이 아주 철저한 나라예요. 바닷가에 가서도 함부로 조개나 물고기를 잡을 수 없어요. 만약 조개나 물고기를 잡고 싶다면 미리 허가를 받아야 해요. 길가에 핀 꽃도 함부로 꺾어서는 안 돼요. 생태계 훼손죄로 붙잡혀 갈 수도 있어요.

남아프리카공화국에는 야생동물 보호구역, 자연보호 구역 등 많은 보호구역이 있어요. 심지어는 사람을 다치게 하는 것보다 희귀한 보호 식물을 훼손할 경우 더 큰 벌을 받는다고 해요. 그러니까 남아프리카공화국을 여행할 때는 자연보호를 가슴에 꼭 새기고 가야 해요.

두 가지의 저녁 초대

남아프리카공화국에서는 두 가지의 저녁 초대가 있어요. 하나는 차를 마시는 '티타임 초대'이고, 다른 하나는 일반적인 저녁 식사 초대예요. 초대를 받았을 경우에는 두 가지 중 어떤 초대인지 분명히 알고 가야 해요. 만약 저녁 식사 초대인지 알고 저녁도 먹지 않고 갔는데, 그것이 '티타임 초대'라면 엄청 배가 고플 테니까요. 티타임 초대일 때는 차와 과자 몇 조각, 그리고 와인을 마시는 게 전부예요.

남아프리카공화국에서는 오전에도 티타임이 있어요. 백인이든 흑인이든 티타임은 꼭 지키는 편이에요. 일을 하다가도 이 시간이 되면 차를 마시며 쉰다고 하니까 불쑥 방문해서는 안 된답니다.

꼼꼼 에티켓 노트

▶ 남아프리카공화국 사람들의 복장은 비교적 자유로운 편인데, 음악회, 교회, 공식적인 자리에서는 정장을 입어야 해요.

▶ 남의 집에 초대를 받았을 때는 꽃이나 와인을 준비해요.

▶ 아직도 인종 갈등이 남아 있어 인종 문제에 관련된 이야기는 피하는 것이 좋아요.

오스트레일리아

뉴질랜드

제5장

오세아니아로 출발!

캥거루의 나라, 오스트레일리아

공식 명칭 오스트레일리아 연방
수도 캔버라
국토 7,741,220㎢ (대한민국 : 100,363㎢)
인구 25,500,000명
언어 영어
종교 영국성공회, 가톨릭, 개신교

시드니 오페라하우스

오스트레일리아로 출발

오스트레일리아는 한자어로 '호주濠洲'라고 표기해요. 호주와 오스트레일리아가 다른 나라인 줄 알았던 친구들이나, 유럽에 있는 '오스트리아'와 혼동한 친구들이 있다면 이 기회에 정확하게 알아 두면 좋겠어요.

오스트레일리아는 세계에서 가장 작은 대륙인 오세아니아 대륙의 대부분을 차지하고 있는 나라예요. 캥거루와 코알라로 유명한 나라이기도 해요. 오스트레일리아의 역사는 그다지 오래되지 않았는데, 영국의 죄수들이 수감 생활을 하기 위해 오스트레일리아로 이주해 오면서 탄생한 국가예요.

18세기 영국은 죄수들이 크게 늘자 그 수감 비용을 줄이기 위해 많은 죄수를 오스트레일리아로 보냈어요. 그러다가 19세기 중반에 황금이 발견되면서 많은 이민자들이 옮겨 와 살게 되었고, 이때부터 도시 국가로 급성장했어요.

1901년 오스트레일리아는 영국으로부터 완전한 독립을 이루었어요. 하지만 오스트레일리아 역시 독립한 뒤에도 캐나다처럼 영국 여왕을 국가원수로 하는 영국연방 국가가 되었어요.

오스트레일리아는 처음에 백인 외에는 이민을 금지하는 정책을 폈어요. 그러다가 부족한 노동력을 보완하기 위해 그 정책을 폐지했고, 여러 민족을 받아들여 지금은 다민족국가가 되었어요. 하지만 아직도 유럽계 백인들이 인구의 80퍼센트를 차지하고 있고, 유럽 문화에 기반을 두고 있어요.

오스트레일리아는 넓은 영토와 풍부한 자원을 바탕으로 높은 생활수준을 유지하고 있으며, 자유로운 사회 분위기 속에서 개인의 자유를 중요하게 생각하는 나라예요. 그럼, 오스트레일리아에는 어떤 에티켓이 있는지 알아볼까요?

가장 일반적인 인사는 '지 데이G' Day'

오스트레일리아 사람들도 영국의 영향을 받아 만나면 편하게 악수를 해요. 남성끼리는 만나고 헤어질 때 항상 악수를 해요. 하지만 여성끼리는 악수보다는 볼 키스를 해요.

또 영어를 사용하는 나라이기 때문에 영어권 나라와 인사말은 똑같은데, 한 가지 다른 점이 있어요. 가장 일반적인 인사말이 '지 데이'예요. 이 말은 '굿 데이Good Day'의 줄임말이에요. 상대방이 '헬로Hello'나 '하이Hi'라고 인사하면 '지 데이'라고 가볍게 인사하면 돼요. 물론 미국이나 영국에서 쓰는 일반적인 인사말도 상관없지만 오스트레일리아 사람들이 흔히 쓰는 인사말은 '지 데이'예요.

또 하나 오스트레일리아에서 알아야 할 중요한 예절이 있어요. 남성들은 보통 사람들을 만나면 명함을 교환해요. 그런데 오스트레일리아에서는 명함을 교환할 때 순서가 있어요. 먼저 악수를 하고, 자기소개를 한 다음에 명함을 교환해요. 만나자마자 명함부터 내미는 것은 실례되는 행동이에요.

내 생활이 중요해

오스트레일리아 사람들도 사생활을 중요하게 생각해요. 조금 친하다고 해서 상대방의 사생활을 묻는 것은 실례되는 행동이에요. 종교나 나이, 가족 관계 등에 관한 질문은 하지 않는 것이 예의예요. 그리고 근무시간 외에 전화를 하거나 집으로 불쑥 방문을 하는 것도 예의에 어긋나는 행동이에요.

또한 공공장소나 거리에서 실수로 조금 몸을 부딪쳤을 때도 항상 미안하다는 말을 하고, 또 해야 하는 것이 이 나라에서 지켜야 하는 예의예요.

특별한 초대 예절

오스트레일리아에는 여러 가지 형식의 파티가 있어요. 우리나라처럼 초대를 받으면 무조건 가서 배부르게 먹을 수 있는 파티만 있는 게 아니에요.

만약 초대장에 'RSVP'라고 쓰여 있으면 빨리 참석 여부를 알려 달라는 뜻이에요. 이런 사실을 모르고 연락도 하지 않고 불쑥 찾아

가면 낭패를 당할 수도 있어요.

또 오스트레일리아에서는 'BYO 파티'나 '바비큐 파티'가 흔해요. BYO는 '브링 유어 오운Bring Your Own'의 줄임말이에요. 자신이 마실 음료수나 술은 직접 가져와야 한다는 뜻이에요. 만약 어떤 모임에서 '브링 어 플레이트Bring a plate'를 부탁받았다면 다른 사람과 함께 먹을 음식 한 접시를 가져오라는 뜻이에요. 그냥 빈 접시를 가져오라는 뜻이 아니니까 잘 알고 참석해야 해요.

우리나라는 파티 문화가 아직 어색하지만 외국은 이런 파티 문화가 많으니까 정확하게 알고 있어야 실수하지 않아요.

음식물 찌꺼기는 접시 가장자리에

식사할 때 생선 가시나 뼈 같은 것을 어디에 두면 좋을까요? 보통은 식탁에 내려놓는 경우가 많을 거예요. 그냥 빈 접시에 두는 경우도 있을 텐데, 오스트레일리아에서 음식물 찌꺼기는 접시 가장자리에 놓아두는 것이 예의예요.

또한 수프를 먹을 때 그릇을 들고 먹으면 안 돼요. 국수를 먹을 때도 후루룩후루룩 소리를 내서 먹으면 안 돼요. 모두 실례되는 행동이에요.

꼼꼼 에티켓 노트

▶ 여성에게 윙크하는 것은 친한 사이에도 실례되는 행동이에요.

▶ 공공장소에서 손으로 입을 가리지 않고 하품하는 것은 예의에 크게 벗어난 행동이에요.

▶ 우리가 친한 사이에 사용하는 '보이프렌드'와 '걸프렌드'라는 단어는 연인 관계에서만 사용하기 때문에 주의해야 해요.

가장 아름다운 자연을 가진 나라, 뉴질랜드

공식 명칭 뉴질랜드
수도 웰링턴
국토 267,710㎢(대한민국 : 100,363㎢)
인구 4,820,000명
언어 영어, 마오리어
종교 개신교, 가톨릭

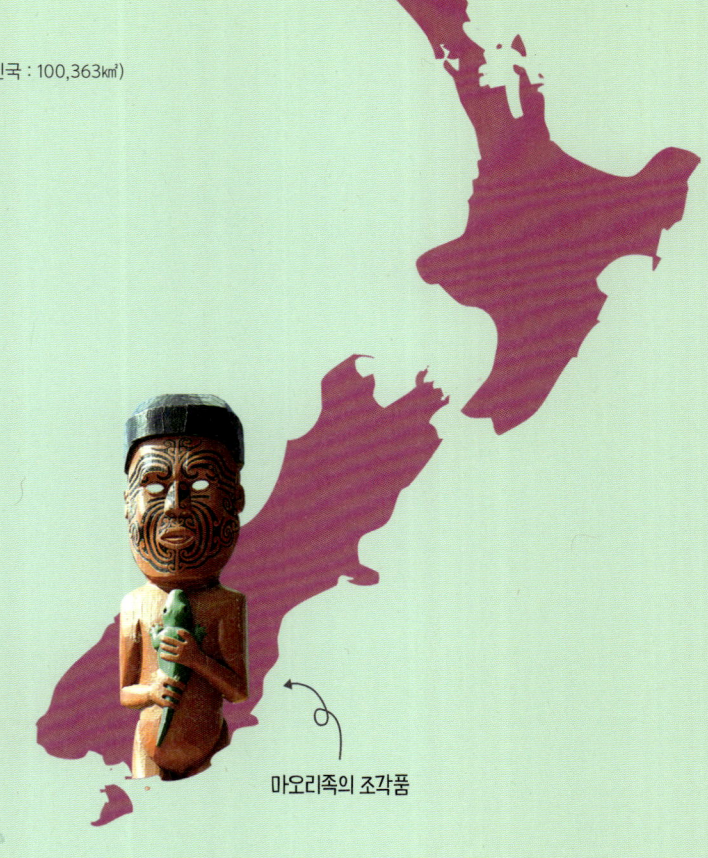

마오리족의 조각품

뉴질랜드로 출발

　뉴질랜드는 세계에서 가장 오염이 적고, 천혜의 자연환경을 가진 나라예요. 전 국토가 지상낙원이라 불릴 만큼 자연이 아름다워요. 특히 남쪽 섬의 산들은 '남반구의 알프스'라고 불리는데, 알프스산맥보다 더 아름다운 곳이라고 해요.

　뉴질랜드는 두 개의 큰 섬인 북섬과 남섬을 포함한 여러 섬으로 이루어져 있어요. 오스트레일리아와 더불어 인구 밀도가 매우 낮은 나라 중 하나예요.

　뉴질랜드는 17세기에 네덜란드 항해사에 의해 처음 발견되었고, 19세기 영국의 식민지가 되었어요. 1907년 영국으로부터 독

립을 이루었는데, 캐나다, 호주 등과 더불어 여전히 영국 국왕을 국가원수로 하는 영국연방 국가예요.

뉴질랜드에는 원래 마오리족이라는 원주민이 살고 있었어요. 원주민들은 초기에는 이민자들과 많은 전투를 벌였지만 지금은 서로 협력하여 하나의 뉴질랜드를 이루어 살고 있어요. 마오리어를 영어와 함께 공식 언어로 채택하고 있고, 마오리족의 전통문화도 잘 보존하여 유럽 문화와 조화를 이루고 있어요.

또 뉴질랜드는 세계적인 복지국가이기도 해요. 소득이 적은 사람이라도 골프와 스포츠를 즐기고, 자녀들을 대학까지 보낼 수 있는 복지 제도가 잘 마련되어 있어요. 그럼, 뉴질랜드에는 어떤 에티켓이 있는지 알아볼까요?

독특한 마오리족 인사법

뉴질랜드에는 유럽계 백인들이 많이 살고 있기 때문에 인사는 간단하게 악수를 해요. 친한 사이에는 가벼운 포옹도 하지요. 악수할 때는 상대방 눈을 바라보면서 조금 강하게 손을 잡는 것이 좋아요. 남녀가 악수할 때에는 여성이 먼저 악수를 청할 때까지 남성은 기다리는 것이 예의예요.

　뉴질랜드는 인구 밀도가 낮아 사람을 보기가 힘들기 때문에 처음 보는 사람과도 반갑게 인사하는 풍습이 있어요.

　특히 뉴질랜드에는 독특한 마오리족의 인사법이 있어요. 마오리족의 전통 인사법은 '홍이'라고 하는데, 우선 악수를 하고 손을 잡은 채로 '키오라' 하면서 서로 코를 두 번 비비는 인사법이에요.

　그런데 여기서 주의해야 할 점이 있어요. 반드시 두 번 코를 비벼야 해요. 실수로 세 번 비비게 되면 큰일이 생길 수도 있어요. 왜냐하면 세 번 비비는 것은 청혼을 의미하기 때문이에요.

나만의 개인 공간이 필요해

서양 사람들의 공통적인 특징 가운데 하나가 사생활을 침해 받지 않는 자신만의 공간이 필요하다는 거예요. 상대방이 자신의 몸을 만지거나 부딪치는 것조차 싫어하는 성격들이지요.

뉴질랜드 사람들도 자기만의 공간이 필요한 사람들이에요. 사람들이 모여 있는 장소에서는 어느 정도 공간을 비워 두고 서 있어야 해요. 대화를 나눌 때도 마찬가지예요. 어느 정도 거리를 두고 이야기를 나누는 것이 예의랍니다. 에스컬레이터나 슈퍼마켓에서 줄을 서서 기다릴 때도 다른 사람과 어느 정도 떨어져 서 있는 것이 좋아요.

터치Touch도 싫어해

뉴질랜드에서는 예쁜 아이를 보더라도 귀엽다고 만져서는 안 돼요. 우리나라 외에 많은 나라들이 이런 풍습이 있는데, 뉴질랜드에서도 조심해야 할 행동이에요. 인질범이나 성추행범으로 오해를 받을 수가 있어요.

특히, 마오리족은 상대방이 자신의 머리를 만지면 모욕으로 받아들이기 때문에 조심해야 해요. 동양에서는 터치할수록 더 친밀감을 느끼는데, 서양에서는 사생활을 중요시하는 사고방식 때문에 터치는 안 된답니다.

꼼꼼 에티켓 노트

▶ 뉴질랜드에서 물건 값을 깎아 달라고 하는 것은 예의에 어긋나는 행동이에요.

▶ 해산물을 채취할 수 있는 양이 정해져 있기 때문에 이를 위반하지 않도록 해야 해요.

▶ 시간을 잘 지켜야 해요. 지각하면 매우 무례한 행동이라고 생각해요.

▶ 코를 훌쩍이지 않도록 해요. 아예 푸는 것이 나아요.